INSTITUT DE FRANCE

Musée Jacquemart-André

Livre guide

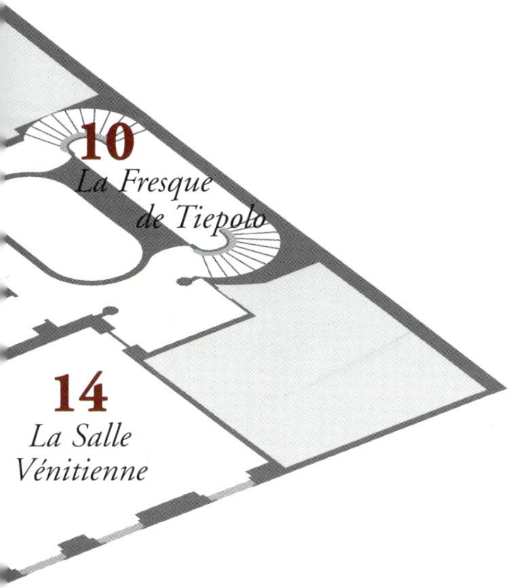

Cadeau de Juliette,
novembre 1998.

Introduction

La façade de l'hôtel, côté cour d'honneur.

En pénétrant dans le musée Jacquemart-André, le visiteur franchit le seuil d'une maison de collectionneurs dont la vie entière à été consacrée à la passion de rassembler des objets d'art. Une telle démarche est singulière et significative des choix d'une époque, avec sa part d'émerveillements, de coups de foudre et de partis pris. Elle est en tout cas remarquable par sa cohérence, sa nouveauté et son caractère unique.

Lorsqu'Edouard André voit le jour, en 1831, il naît dans une famille de banquiers protestants à la tête d'une des plus belles fortunes du temps, qui connaît son apogée sous le Second Empire. De sensibilité saint-simonienne et bonapartiste, elle participe aux grands chantiers du moment, finance les entreprises du régime et contribue à la modernisation de la France.

Orphelin de mère dès l'âge de deux ans, le jeune Edouard André est élevé par une belle mère qui l'éduque dans le souvenir de l'épopée napoléonienne et le prépare à la carrière des armes. A dix-huit ans, il entre à l'école de Saint-Cyr, dont il sort officier de l'un des régiments d'élite au service personnel de Napoléon III.

Mais, plus enclin aux mondanités et aux fastes de la cour des Tuileries, il préfère démissionner lorsque vient l'heure des premiers combats. Fidèle cependant aux engagements des siens, il reprend le siège de député de son père, représentant du département du Gard, l'un des bastions protestants.

C'est peu après qu'il décide de s'installer dans le quartier de la Plaine Monceau, là où la "Gentry" impériale réside aux côtés des banquiers Rothschild, Pereire et de la princesse Mathilde. Il charge l'architecte Parent de lui bâtir un hôtel particulier, digne des plus grands. La construction s'inspire des modèles de l'architecture civile du XVIIIe siècle, mais s'en distingue par un sens de l'apparat et de la mise en scène qui n'a pas d'équivalent. La façade de l'hôtel qui donne sur le boulevard est élevée en retrait, sur un terrassement. On y entre par une rampe en sous-sol qui monte vers une cour intérieure placée derrière le bâtiment. A l'intérieur, la plus grande partie de l'espace est affectée à des salons de réception que des cloisons mobiles peuvent moduler en fonction du nombre des invités. Le goût théâtral du commanditaire et de son architecte trouve son plein épanouissement dans le jardin d'hiver et l'escalier d'honneur, qui sont rejetés au bout des grands appartements, dernier et magistral élément de décor.

La façade de l'hôtel, côté boulevard.

L'inauguration de l'hôtel, en 1875, est un événement : les invités découvrent la rampe à double révolution de l'escalier, son équilibre improbable et la somptuosité des matériaux qui le composent. Ils saluent ce monument comme ils ont salué le foyer de l'Opéra que vient de construire Charles Garnier. Cette fête, dont *l'Illustration* rend compte en des termes admiratifs, aurait dû être suivie d'autres réceptions.

Mais l'évolution politique du pays et certaines décisions personnelles d'Edouard André sont autant d'obstacles. La guerre franco-allemande et la défaite de Sedan entraînent la chute de l'Empire. En 1871, bon patriote, André reste à Paris et s'engage dans la Garde nationale pour défendre la capitale. A la signature de l'armistice, il négocie avec les Rothschild la contribution que la France doit verser à Bismarck et, malgré leur importance, rassemble en peu de temps les sommes dûes. Déçu par la désunion qui règne alors au sein des partis conservateurs, il rompt avec la vie publique pour se consacrer aux beaux-arts.

L'année 1872 est alors décisive : il rachète *la Gazette des Beaux-Arts,* devient président de "l'Union centrale des Arts décoratifs". Libre de son temps, disposant de moyens illimités et d'une maison qui n'est pas encore aménagée, il entreprend une nouvelle aventure, celle de faire revivre dans son hôtel particulier les fastes d'une époque alors méprisée, le XVIIIe siècle. Si le siècle de Watteau est désormais représenté chez lui, Edouard André ne veut pas pour autant constituer une galerie conventionnelle ; il

L'escalier d'honneur.

Le grand salon.

Le fumoir
vers 1913.

La salle vénitienne
vers 1913.

adopte le point de vue plus original de "l'Union centrale" : le rassemblement des arts où peintures, sculptures, mobiliers et objets d'art sont étroitement associés.

Formé de longue date à l'appréciation des beaux objets, entouré de connaisseurs, Edouard André a mis toutes les chances de son côté ; sa santé déclinante l'empêche cependant de faire face aux contraintes d'un chantier qui va se poursuivre dix ans, avec l'aménagement et la décoration de chaque pièce. En 1881, il épouse une jeune femme peintre, Nélie Jacquemart, qui a réalisé dès 1872 son portrait. Le soutien qu'elle lui apporte est capital. Elle adhère en effet pleinement aux projets de son mari et préside d'une main ferme à la mise en place de leurs collections. Chaque salon de l'hôtel reçoit alors un décor, à la manière des "Period-rooms" où le XVIIIe siècle est mis à l'honneur : avec les créations des peintres, des sculpteurs, des ébénistes et des décorateurs du siècle de Louis XV et Louis XVI, chacun offre un panorama complet de cet âge d'or.

Peu à peu, le rôle qu'elle joue devient essentiel et c'est elle qui aménage l'étage supérieur, demeuré vide. Elle avait reçu en cadeau de mariage la partie centrale du bâtiment qu'Edouard avait, à son insu, fait transformer en atelier : mais, refusant de l'occuper, elle pense déjà à y exposer les collections de la Renaissance italienne, qu'ils acquièrent ensemble au cours de fréquents voyages dans la péninsule. Consultant les conservateurs du monde entier, ils privilégient alors le XVe siècle, cet art primitif redécouvert depuis peu. Chaque année, des centaines d'objets parviennent ainsi à Paris et sont déposés chez eux.

Cependant, acheter des œuvres d'art ne leur suffit pas, ils cherchent aussi à concevoir un espace approprié pour les mettre en valeur. Une dizaine d'années leur seront

Le grand escalier.

nécessaires pour sélectionner dans leurs achats ce qu'il y a de plus beau et concrétiser ainsi ce projet. A partir de 1892, ils organisent le "Musée italien". A la mort d'Edouard, deux ans plus tard, Nélie poursuivra la tâche qu'ils ont commencée ensemble. Ainsi deux salles de peintures et une salle de sculptures réunissent peu à peu tout ce que l'Italie a produit de plus étonnant. Les peintures vénitiennes, chères à Edouard, sont d'abord accrochées, puis une série de panneaux florentins. Enfin les multiples inventions des sculpteurs,

L'enfilade des petits appartements depuis le grand salon.

depuis la plaque de bronze jusqu'à l'art monumental, viennent composer une étonnante symphonie lapidaire.

A l'aube de ce siècle, tout est prêt ; reste à reprendre les appartements privés qu'ils ont jusqu'alors délaissés. Lorsque chaque objet a trouvé sa place, Nélie Jacquemart règle les derniers détails de sa succession. Elle offre à L'Institut de France l'hôtel et ses collections, à charge pour lui d'en faire un musée et de l'ouvrir au public, ce qui est fait en 1913. Fidèle à ce vœu, la présentation actuelle offre la disposition choisie par les époux André en un juste hommage à leur passion : présenter leur maison tout autant que leur musée.

Nicolas Sainte Fare Garnot

Le Vestibule

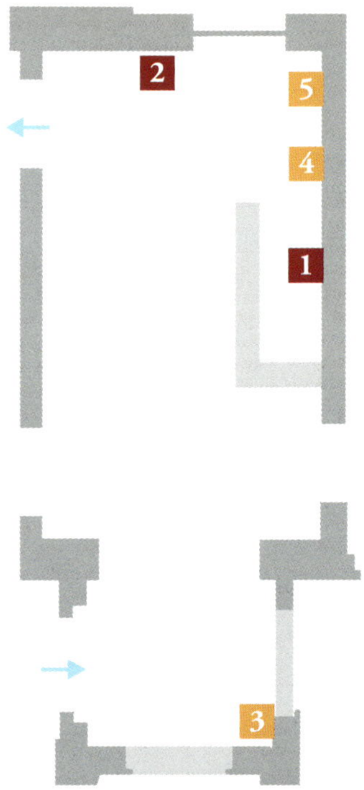

1 Manufacture royale des Gobelins, tapisserie de la série *Les Nouvelles Indes*, d'après un carton de Alexandre François Desportes (1661-1743), laine, XVIIIᵉ siècle.

2 Franz-Xavier Winterhalter (1805-1873) *Portrait d'Edouard André en uniforme des guides de la Garde Impériale.*

3 Jean-Baptiste Pigalle (1714-1785) *La Tireuse d'épines*, marbre.

4 Augustin Pajou (1730-1809) Buste de *femme*, terre cuite.

5 Vitrine : service en biscuit de Limoges à décor blanc et vert de Lerosey, 11 rue de la Paix à Paris, au chiffre d'Edouard André.

Après avoir gravi les marches du perron, on accède sur la droite à une petite salle, qui ouvre sur les grands appartements et permet une distribution harmonieuse des visiteurs dans les différents salons de réception.

De l'autre côté, une salle analogue précède les petits appartements, dans lesquels se retiraient autrefois les maîtres de maison. L'espace privé et les lieux affectés à la vie mondaine sont ainsi judicieusement séparés. Pour bien affirmer cette distinction, le vestibule d'honneur reçoit un décor noble composé d'une architecture de pilastres ioniques, à l'élégance discrète, et d'un stuc peint simulant le marbre.

Jean-Baptiste Pigalle (1714-1785)
La Tireuse d'épines, marbre.

Un grand miroir y est placé, devant lequel s'apprêtaient sans doute les invitées d'Edouard André avant de venir le saluer. Aujourd'hui, grâce à un portrait peint de Winterhalter, on découvre le maître des lieux attendant ses hôtes, debout dans l'uniforme, aussi brillant que coloré, des Guides de la garde. Réalisée au temps où il fréquente le couple impérial et la Cour des Tuileries, cette peinture est placée, ainsi qu'il l'a souhaité, à l'entrée pour accueillir les visiteurs du musée. Une pièce de tapisserie de la tenture des Indes orientales, tissée à la Manufacture royale des Gobelins d'après un carton de François Desportes, sert d'introduction au décor de l'hôtel, essentiellement composé d'œuvres du XVIIIᵉ siècle.

Manufacture royale des Gobelins,
tapisserie de la série *Les Nouvelles Indes*,
d'après un carton de Alexandre François Desportes,
laine, XVIIIᵉ siècle.

Franz-Xavier Winterhalter (1805-1873) *Portrait d'Edouard André en uniforme des guides de la Garde Impériale.*

1 *Le Salon des Peintures*

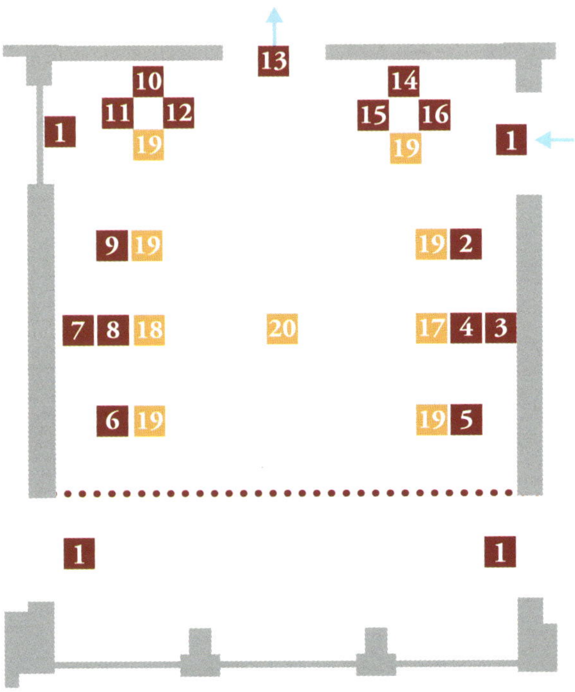

1 Ecole française, XVIIIe siècle.
Dessus de porte attribués à Leriche, représentant des *vases ornés de guirlandes.*

2 Alexandre Roslin (1718-1793)
Portrait présumé de Suzanne Jarente de la Reynière.

3 François Boucher (1703-1770)
Le Sommeil de Vénus.

4 Jean-Marc Nattier (1685-1756).
Portrait de Mathilde de Canisy, Marquise d'Antin.

5 Alexandre Roslin (1718-1793)
Portrait présumé de Louis Grimod de la Reynière.

6 Louise-Elisabeth Vigée-Lebrun (1755-1843)
Portrait de jeune fille.

7 François Boucher (1703-1770)
Vénus se parant des attributs de Junon.

8 Jean-François de Troy (1679-1752)
Portrait du Marquis de Raincourt.

9 François-Hubert Drouais (1727-1775)
Jeune garçon jouant avec un chat.

10 Jean-Baptiste Chardin (1699-1779)
Les Attributs des Sciences.

11 Antonio Canal, dit Il Canaletto (1697-1768)
Le Pont du Rialto.

12 Jan de Witt (1695-1754)
Esquisse de plafond.

13 Jean-Baptiste Oudry (1686-1755)
Héron attaqué par un caniche.

14 Jean-Baptiste Chardin (1699-1779)
Les Attributs des Arts.

15 Jan de Witt (1695-1754)
Esquisse de plafond.

16 Antonio Canal, dit Il Canaletto (1697-1768)
La Place Saint Marc.

17
- Console en bois sculpté et doré, dessus de marbre vert, style Louis XIV.
- Jean-Baptiste Lemoyne (1704-1778) Buste de *femme coiffée d'un voile*, terre-cuite.
- Vases en porcelaine de Sèvres, XVIIIe siècle, à socle et poignées en bronze doré.

18
- Console en bois sculpté et doré, dessus de marbre vert, style Louis XIV.
- Augustin Pajou (1730-1809) Buste d'*homme*, terre cuite.
- Vases en porcelaine de Sèvres, XVIIIe siècle, décor façon marbre, avec 2 putti ailés en forme de poignées.

19 4 tabourets et 2 banquettes en bois sculpté et doré, ornés de tapisseries, époque Louis XIV.

20 Luigi Pampaloni (1791-1847)
Fillette aux tourterelles, marbre.

Plafond peint : Ecole vénitienne, XVIIIe siècle, *l'Apothéose d'Hercule.*

Le Salon des peintures est une antichambre, pièce de circulation qui précède le grand salon. Eclairée de l'extérieur par trois baies vitrées, elle introduit progressivement le visiteur à l'intérieur des grands appartements : une série de tableaux lui fait découvrir les plus grands noms. Aussi est-elle devenue le "salon des peintures".

On suit d'un panneau à l'autre l'accrochage qui, selon la volonté d'Edouard André et de sa femme, fait alterner œuvres décoratives, dessus de portes, compositions mythologiques, natures mortes, paysages et portraits comme un parement de mosaïque qui concourt au même émerveillement.

Il y a le siècle libertin et frivole de François Boucher avec son *Sommeil de Vénus* et sa *Toilette*, la délicatesse d'un Nattier, lorsqu'il abandonne les pompes royales et reproduit les traits d'une adolescente, la peinture solide d'un Roslin, ou, à l'inverse, les mignardises d'un Drouais avec son *Jeune garçon jouant avec un chat*, l'un

François Boucher (1703-1770)
Vénus se parant des attributs de Junon.

François Boucher (1703-1770)
Le Sommeil de Vénus.

Jean-Marc Nattier (1685-1756),
Portrait de *Mathilde de Canisy, Marquise d'Antin,*
huile sur toile, 1,18 x 0,96 m.

Le nom de Nattier ne serait certainement pas le premier cité pour évoquer l'art sous le règne de Louis XV ; il est pourtant difficile de refuser à cette peinture l'une des premières places dans la collection d'Edouard André, tant elle brille par ses qualités exceptionnelles.
A première vue, rien de plus fastidieux ou convenu que ce genre du portrait, mais la jeunesse du modèle, son insouciance fragile ont probablement inspiré le peintre et donné à ce tableau un air de grâce sans pareil.

Antonio Canal,
dit Il Canaletto (1697-1768)
Le Pont du Rialto.

François-Hubert Drouais (1727-1775)
Jeune garçon jouant avec un chat.

Antonio Canal,
dit Il Canaletto (1697-1768)
La Place Saint-Marc.

Jean-Baptiste Oudry (1686-1755), *Héron attaqué par un caniche.*

des premiers achats d'Edouard André. A cela s'ajoutent deux superbes natures mortes de Chardin, *les Attributs des Arts* et *les Attributs des Sciences*, et deux vues de Venise de Canaletto, qui rappellent l'attachement du propriétaire à cette Ecole.

Le regard se pose enfin un instant sur les banquettes et les tabourets recouverts de tapisseries et sur tous les objets d'art, terres cuites ou vases en porcelaine de Sèvres ; un marbre patiné représente une *Jeune fille aux tourterelles,* autrefois attribuée à Pigalle et placée au centre de la pièce pour permettre de la dévisager progressivement.

L'aménagement et la décoration de cette antichambre sont révélateurs des intentions du collectionneur : l'accrochage condamne l'utilisation des cloisons mobiles, qui devaient servir à l'occasion des grandes réceptions, et se rapporte plutôt à un projet muséologique. Bien plus, Edouard André, malgré son attachement aux arts décoratifs, privilégie dans cette première pièce une peinture plus apte à frapper les esprits : la qualité d'ensemble de tous les tableaux présentés ne pouvait qu'impressionner le visiteur. Ce n'est d'ailleurs qu'au moment où il disposera de tous ces éléments, dans les années 1890, qu'il mettra en place ce décor, désireux de n'en présenter que la forme la plus achevée. Cette démarche rend compte de son intelligence et de sa sensibilité, car cet ensemble reflète plus qu'aucun autre une véritable esthétique de vie, plutôt que le fruit d'une science abstraite de la décoration.

Jean-Baptiste Chardin (1699-1779), *Les Attributs des Sciences.*

Jean-Baptiste Chardin (1699- 1779),
Les Attributs des Arts,
huile sur toile, 1,40 x 2,15 m.

On connaît bien le peintre des natures mortes, habile à restituer le velouté des étoffes, l'éclat des cuivres ou la densité des matières. Est-ce donc le même artiste qui montre sa capacité à traiter un sujet d'histoire, à utiliser l'objet pour son sens allégorique et à se servir des draperies comme de grands éléments décoratifs ? Chardin nous joue ce tour et prouve par là que sa création n'appartient pas à un genre mineur.

2 *Le Grand Salon*

1 Ecole française, XIXe siècle,
4 trumeaux peints, d'après Watteau.

2 Manufacture royale des Gobelins,
tapisseries représentant
Les quatre saisons, XVIIIe siècle.

3 Vases en porcelaine de Chine
à décor de personnages,
époque Kien, XVIIIe siècle.

4 Attribué à Jean-Baptiste Huet (1745-1811)
Paravents à deux feuilles à décor d'arabesques,
cuir doré, XVIIIe siècle.

5 Jean-Baptiste Lemoyne (1704-1778)
Buste du *Chancelier Maupéou*, marbre.

6 Barthélemy Tremblay (1568-1629)
Buste d'*Henri IV*, bronze.

7 Ecran en bois sculpté et doré, recouvert d'une tapisserie
de la Manufacture royale de la Savonnerie,
Pulcinella et Arlequin, signée D.P. Bertrand du Pont
à la Savonnerie (1687-1716), époque Régence.

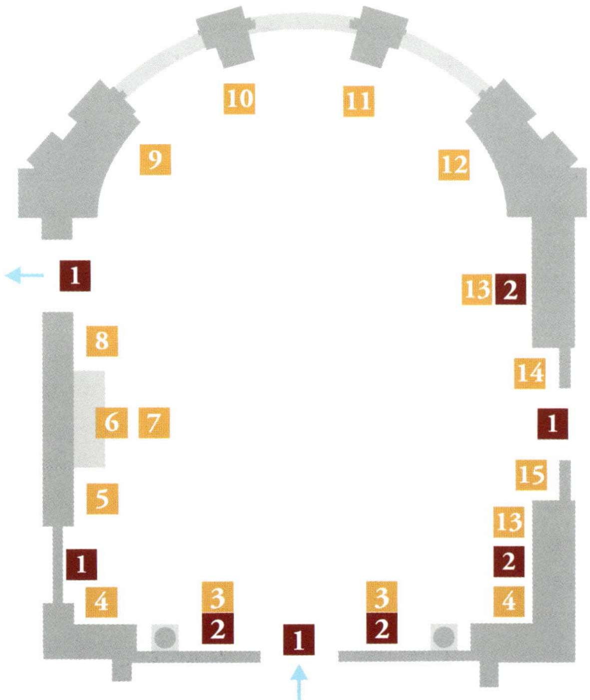

8 Antoine Coysevox (1640-1720)
Buste posthume de *l'architecte Jacques I Gabriel*, marbre.

9 Jean-Baptiste Lemoyne (1704-1778)
Buste du *Marquis de Marigny*, marbre.

10 Jean-Baptiste Lemoyne (1704-1778)
Buste de *l'architecte Jacques II Gabriel*, marbre.

11 Jean-Baptiste Defernex (1729-1783)
Buste du *Prince Nicolas Repnine*, marbre.

12 Pierre Lestache (1688-1774)
Buste d'un *Général*, marbre.

13 Tables-consoles en bois sculpté et doré, en partie d'époque Régence, supportant des vitrines avec collection de miniatures XVIIIᵉ et XIXᵉ siècles.

14 Antoine Houdon (1741-1828)
Buste de *Antoine Louis François Le Fèvre de Caumartin*, marbre.

15 Michel-Ange Slodtz (1705-1764)
Buste de *Nicolas Vleughels*, marbre.

Boiseries et trumeau de glace de cheminée provenant de l'Hôtel Samuel Bernard, rue du Bac à Paris, attribuées à Le Pelletier, XVIIIᵉ siècle.

Bras d'appliques en bronze ciselé et doré, attribués à Charles Cressent (1685-1768), maître en 1720.

Plafond peint : Ecole française, XIXᵉ siècle, *l'Allégorie du mariage*.

Le salon central des grands appartements se distingue des autres pièces par son plan semi-circulaire qui rappelle la préférence du XVIIIᵉ siècle pour la courbe, au détriment de la ligne droite ou de l'équerre.

Antoine Houdon (1741-1828)
Buste de *Antoine Louis François Le Fèvre de Caumartin*, marbre.

Jean Honoré Fragonard (1732-1806)
Tête d'enfant en médaillon, peinture sur ivoire.

Jean-Baptiste Lemoyne (1704-1778)
Buste du *Chancelier Maupéou*, marbre.

C'est là qu'Edouard André accueillait ses invités. Lors de réceptions plus importantes, il pouvait faire disparaître les cloisons latérales au moyen de vérins hydrauliques pour réunir le salon des peintures, le grand salon et le salon de musique adjacent en un seul espace, capable de rassembler un plus grand nombre de convives.

Pour compenser l'ampleur de l'espace central, des gaines ont été disposées au pourtour de la salle et sur le manteau de la cheminée : une série de bustes y compose une galerie de sculptures. Cette ingénieuse mise en scène offre au regard des invités un panorama de l'art du XVIIᵉ siècle. Les traits de personnages illustres s'y reconnaissent : des hommes politiques (Henri IV, le chancelier Maupéou, le Marquis de Marigny, le Prince Repnine ou Lefèbvre de Caumartin, un des échevins de Paris), mais aussi des artistes célèbres (les architectes Gabriel père et fils et Nicolas Vleughels, directeur de l'Académie de France à Rome), taillés par des sculpteurs de talent, Coysevox, Lemoyne, Houdon et Michel Ange Slodtz.

Si le monumental est ici privilégié, deux vitrines contenant des miniatures et des paravents en cuir peint et doré attribués à Huet, soulignent l'intérêt qu'Edouard André porte aux arts décoratifs, aux petits objets de collection ; car sa curiosité s'exerce sans partage sur tous les domaines de la création artistique.

Attribué à Jean-Baptiste Huet (1745-1811)
Paravents à deux feuilles à décor d'arabesques, cuir doré, XVIIIᵉ siècle. (détail)

3 *Le Salon des Tapisseries*

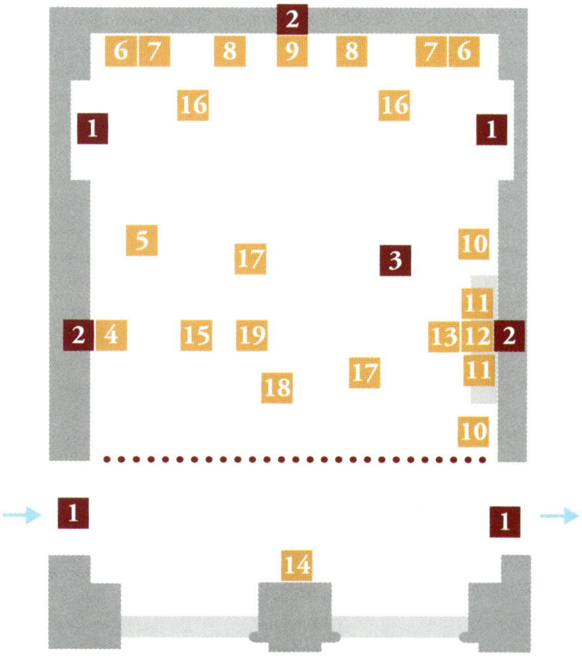

1 Ecole française, XIXe siècle, dessus de porte représentant *Les quatre éléments.*

2 Manufacture royale de Beauvais, tapisseries de la série des *Jeux russiens,* aux armes de France et de Navarre. D'après les cartons de Jean-Baptiste Leprince (1734-1781).

3 Francesco Guardi (1712-1793) *Portique vénitien.*

4 Commode Louis XVI plaquée d'acajou moucheté, ornée de bronzes dorés et dessus de marbre bleu turquin, attribuée à Jean-Henri Riesener (1734-1806), maître à Paris en 1768.

5 Chaise basse en bois sculpté et doré, recouverte d'une tapisserie de Beauvais, attribuée à Georges Jacob (1739-1814), époque Louis XVI.

6 Paravents de trois feuilles à décors de *scènes de la comédie,* XVIIIe siècle.

7 Paire de potiches en porcelaine de Chine,
décor *chasse aux tigres*,
époque Tchin (vers 1725).

8 Paire de fauteuils en bois doré et sculpté,
estampillés Jacques Chenevat (maître à Paris en 1763),
recouverts d'une tapisserie de la Manufacture royale
de Beauvais à décor des *Fables de Jean de la Fontaine*,
d'après Jean-Baptiste Oudry (1686-1755),
époque Louis XV.

9 Secrétaire cartonnier à deux corps en bois de rose
et d'amarante estampillé Joseph Baumhauer
(ébéniste du Roi en 1749), surmonté d'une pendule,
Cartel de Charles le Roy, bronzes estampillés Osmond,
époque transition Louis XV - Louis XVI.

10 Paire de marquises en bois peint blanc rechampi or
et argent, portant l'estampille de Pierre Othon
(maître à Paris en 1760), époque Louis XVI.

11 Vases en cuivre doré à garniture de fleurs,
époque louis XVI.

12 • Claude-Michel Clodion (1738-1814)
Le Triomphe de Galathée, bas relief, terre cuite.
• Edme Bouchardon (1698-1762)
Buste de *Charles Frédéric de la Tour du Pin*,
terre cuite.

13 Ecran en bois sculpté et doré recouvert
d'une tapisserie de la Manufacture royale de Beauvais,
La Cueillette des cerises, époque Louis XVI.

14 Régulateur de parquet plaqué de bois de rose et
d'amarante, estampillé Nicolas Petit J.M.E (1732-1791),
maître à Paris en 1761, à mouvement signé Roggen,
époque transition Louis XV - Louis XVI.

15 Canapé corbeille en bois peint rechampi or et argent,
estampillé Pierre Othon maître à Paris en 1760,
époque Louis XVI.

16 Paire de torchères en bois sculpté et doré,
à décor de mascaron dans le goût de Boulle,
époque Régence.

17 Deux tabourets en bois sculpté et doré,
tapisserie au point, époque Régence.

18 Tabouret en forme d'X en bois sculpté et doré,
coussin recouvert d'une tapisserie
de la Manufacture royale de la Savonnerie
à motifs de fleur de lys, époque Louis XIV.

19 Manufacture royale de la Savonnerie.
Tapis à décor de rinceaux, laine, daté 1663.

Cheminée en marbre blanc d'époque Louis XVI,
provenant de l'Hôtel Titon du Tillet,
rue de Montreuil à Paris.

Plafond peint : Ecole française, XIXe siècle,
Vénus et Vulcain.

A partir du corps central se développe, dans l'aile gauche du bâtiment, une série de salons aux dimensions moins imposantes qu'Edouard André et sa femme affectent à leur vie privée et à leurs affaires.

Précédant leur cabinet de travail, le premier de ces salons est naturellement une antichambre. Il offre la particularité d'avoir été adapté aux dimensions des tentures qui le décorent. Les trois pièces de la tenture des *Jeux Russiens* furent en effet acquises, chez l'antiquaire Mannheim, dès 1868, bien avant la construction de l'hôtel. Leurs qualités exceptionnelles justifient pleinement cette mise en valeur : elles reflètent le goût pour l'exotisme oriental qui s'épanouit au XVIIIe siècle, rappellent la virtuosité des lissiers de la manufacture de Beauvais et soulignent le rôle de la commande royale.

Manufacture royale de Beauvais, tapisseries de la série des *Jeux russiens*, aux armes de France et de Navarre. D'après les cartons de Jean-Baptiste Leprince (1734-1781).

Francesco Guardi (1712-1793), Portique vénitien

Edme Bouchardon (1698-1762)
Buste de *Charles Frédéric de la Tour du Pin*,
terre cuite.

Ces tapisseries offrent, en outre, l'opportunité de faire découvrir un nouvel aspect du décor intérieur de l'hôtel, fondé ici sur l'association du textile et du mobilier. Moins connu que les collections de peinture et de sculpture du musée, ce dernier n'est pas moins remarquable : commode de Riesener, secrétaire-cartonnier de Joseph, canapé et marquises d'Othon formant un ensemble cohérent d'époque Louis XVI. En contrepoint, le parquet est recouvert d'un tapis de la Savonnerie, daté 1663, sur lequel se dresse un chevalet qui présente le seul ornement peint du salon, une gouache du vénitien Guardi.

Commode Louis XVI plaquée d'acajou moucheté,
ornée de bronzes dorés et dessus de marbre bleu turquin,
attribuée à Jean-Henri Riesener (1734-1806),
maître à Paris en 1768.

4 Le Cabinet de Travail

1 Attribué à Robert Levrac Tournières (1667-1752)
Portrait d'homme.

2 Jean-François Lagrenée (1724-1805)
Allégorie de la peinture.

3 Jean-Honoré Fragonard (1732-1806)
Les Débuts du modèle.

4 Ecole française, XVIIIe siècle.
Portrait d'homme.

5 Jean-François Lagrenée (1724-1805)
Allégorie de l'architecture.

6 Charles-Antoine Coypel (1694-1752)
Dom Quichotte servi par les filles de l'hôtellier.
Esquisse d'un carton de tapisserie.

7 Ecole française, XVIIIe siècle.
Portrait de femme.

8 Jean-Baptiste Pater (1695-1736)
Fêtes galantes avec un couple de danseurs.

9 Jean-Baptiste Greuze (1725-1805)
Portrait du graveur Georges Wille.

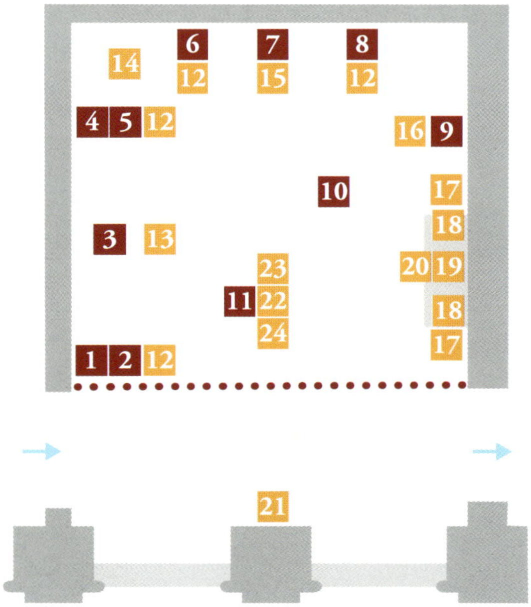

10 Jean-Baptiste Chardin (1699-1779)
Nature morte à la côtelette.

11 Ernest Hébert (1817-1909)
Portrait de Madame Edouard André.

12 Quatre fauteuils en bois sculpté et doré, estampillés Louis Charles Carpentier (? - 1787), maître à Paris en 1752, recouverts de tapisseries de la Manufacture royale de Beauvais, à décors de scènes pastorales, époque transition Louis XV - Louis XVI.

13
- Secrétaire à abattant à panneaux en laque de chine orné de bronzes ciselés et dorés, recouvert d'un marbre blanc de Carrare, attribué à B.V.R.B. (Bernard III Vanrisamburgh), époque transition Louis XV - Louis XVI.
- Phillipe Roland (1746-1816) Buste de *femme*, terre cuite.

14
- Encoignure en vernis martin, estampillée Louis Fourreau (maître à Paris en 1755), recouvert d'un marbre noir, époque Louis XV.
- Ecole française, XVIIIe siècle. Buste d'*homme*, terre cuite.

15 Commode plaquée de bois de rose et d'amarante, ornée de bronzes ciselés et dorés, recouvert d'un marbre de brèche d'Alep, attribuée à Joseph Baumhauer (ébéniste du Roi en 1749), époque Louis XV

16
- Secrétaire médaillier plaqué d'acajou et marquetterie de rosettes en bois tinté recouvert d'un marbre rose de Brocatelle, estampillé Pierre Denisot (1715-1782, maître en 1746), époque transition Louis XV - Louis XVI.
- Louis-Claude Vassé (1716-1772). Buste de *femme* en marbre.

17 Paire de potiches à décor de personnages à l'occidentale, époque Kien-Loung (1736-1796).

18 Paire de potiches à couvercle, porcelaine Chine à décor vert, monture en bronze doré.

19 Jean-Baptiste Lemoyne (1704-1778)
Buste de *la Princesse de Polignac.*

20 Ecran en bois sculpté et doré recouvert d'une tapisserie, *Apollon jouant de la lyre*, XVIIIe siècle.

21 Etienne Maurice Falconnet (1716-1791)
La Gloire de Catherine II de Russie, marbre.

22 Bureau plat en placage de bois de rose et d'amarante, orné de bronzes ciselés et dorés, époque Louis XV.

23 Fauteuil de bureau canné en bois sculpté et doré, estampillé Meunier (maître à Paris en 1739), époque Louis XV.

24 Tapis par Braquenié d'après un modèle de la Manufacture royale de la Savonnerie, XIXe siècle.

Cheminée avec trumeau de glace en bois sculpté et doré provenant de l'Hôtel Samuel Bernard, rue du Bac à Paris.

Plafond peint : Giambattista Tiepolo (1690-1770)
Le Triomphe d'Hercule

C'est dans cette pièce qu'Edouard André puis Nélie Jacquemart organisaient leur vie quotidienne et recevaient leurs relations d'affaires. Curieusement, ce salon n'est pas aménagé à la façon austère d'un cabinet ministériel, mais présente au contraire un décor intime composé des objets qu'ils préféraient.

Jean-Baptiste Greuze (1725-1805)
Portrait du graveur Georges Wille.

On retrouve au mur une série de tableaux du XVIIIe siècle, tel les *Débuts du modèle* de Fragonard, un chef d'œuvre de libertinage, entouré de deux portraits et de deux *Allégories des arts* de Lagrenée, d'une composition représentant le *Festin de Dom Quichotte* qui se veut une interprétation enjouée du genre historique par Charles-Antoine Coypel, d'un autre grand portrait de femme attribué à l'Ecole de Largillière, de *Fêtes galantes* de Pater, l'élève préféré de Watteau et enfin de l'effigie sévère du graveur Wille que Greuze traite avec un brio aussi surprenant qu'accompli.

Commode plaquée de bois de rose et d'amarante, ornée de bronzes ciselés et dorés, recouvert d'un marbre de brèche d'Alep, attribuée à Joseph Baumhauer (ébéniste du Roi en 1749), époque Louis XV

Jean-Honoré Fragonard (1724-1806)
Les Débuts du modèle
huile sur toile, 0,50 x 0,63 m.

Comment éviter de tomber dans le genre licencieux, comment tout dire sans rien raconter, comment oublier le sujet pour oser peindre ? Voilà le genre de question que peut se poser Fragonard au moment où il décide de commencer ce tableau. A demi esquissée d'une écriture parfois relâchée, parfois nerveuse, avec des coups de lumière à la mesure de son pinceau, le peintre trouve ici une réponse pleinement satisfaisante, qui laisse le spectateur époustouflé par autant de brio.

Ecole française, XVIIIe siècle.
Portrait de femme.

Etienne Maurice Falconnet (1716-1791)
La Gloire de Catherine II de Russie, marbre.

Charles-Antoine Coypel (1694-1752)
Dom Quichotte servi par les filles de l'hôtellier.
Esquisse d'un carton de tapisserie.

Pour l'aménager, les époux André rassemblent un ensemble de meubles tout aussi prestigieux : fauteuils estampillés Carpentier recouverts de tapisseries de Beauvais, secrétaire en laque de Chine orné de bronzes dorés qui pourrait être un travail de B.V.R.B., commode rocaille à la marqueterie de fantaisie de Joseph et un curieux médaillier signé par Denizot, tous surmontés de bustes en marbre ou terre cuite. Dans l'entre-fenêtre, un groupe en marbre de Falconnet, *la Gloire de Catherine II de Russie*, évoque une grande amie des arts, à l'image de Nélie Jacquemart. Au milieu de la pièce, trône un bureau Louis XV, sur lequel repose un petit portrait de la maîtresse des lieux, qui lui fut offert par son maître Ernest Hébert. Œuvre de Tiepolo, une fresque transposée qui provient d'un palais vénitien et représente *le Triomphe d'Hercule,* décore le plafond.

Se jouant de la chronologie et passant sans difficulté d'une pièce Louis XVI à une autre de style Louis XV, les époux André prennent quelques libertés avec l'histoire des arts. Ils privilégient à coup sûr leur confort : ici point de cette raideur caractéristique de l'évolution néo-classique, mais un aménagement plein de charme et de rondeur qui n'exclut pas la fantaisie. Ils n'ont en effet pas cherché comme ailleurs à privilégier un domaine de la création artistique, mais semblent s'être attachés à mettre en valeur des œuvres appartenant à différentes disciplines. Leur intuition de collectionneurs est étonnante ; des recherches récentes ont ainsi permis de reconnaître sur le mobilier des estampilles de prestige, qui leur avaient échappé.

Jean-Baptiste Lemoyne (1704-1778)
Buste de *la Princesse de Polignac.*

Jean-Baptiste Chardin (1699-1779)
Nature morte à la côtelette.

5 *Le Boudoir*

1 François Taurel (1757-1832)
Vue d'un port français.

2 Marie-Louise-Elisabeth Vigée-Lebrun (1755-1842)
Portrait de la Comtesse Skavronskaia.

3 Attribué à Pierre Sauvage (1744-1818)
Jeux d'enfants, grisaille.

4 François Taurel (1757-1832)
Vue d'un port français.

5 Pierre-Paul Prud'hon (1758-1823)
Portrait de Charles-Louis Cadet de Gassicourt.

6 Alexandre Roslin (1718-1793)
Autoportrait.

7 Joseph Ducreux (1735-1802)
Autoportrait.

8 Jacques-Louis David (1748-1825)
Portrait du Comte Antoine Français de Nantes, Conseiller d'Etat.

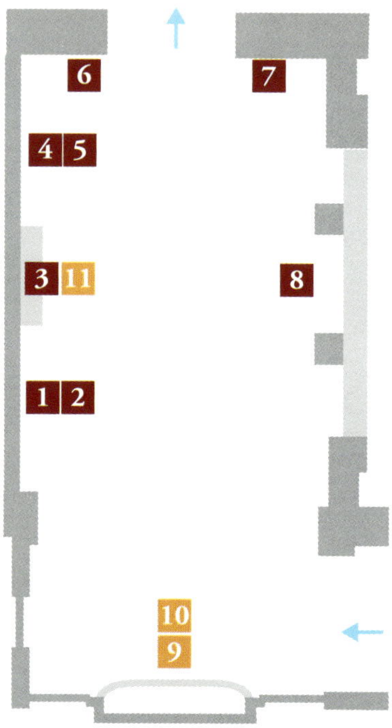

9 Cartel en bois doré à mouvement horizontal,
époque Louis XVI.

10 • Commode en marqueterie de bois de rose et d'amarante à décor d'instruments de lettré, ornée de bronzes dorés et ciselés, dessus de marbre de brèche rose, estampillée Pierre Roussel J.M.E (1723-1782), maître à Paris en 1745, époque Louis XV - Louis XVI.

• Joseph Chinard (1756-1813)
Buste présumé de *Théroigne de Méricourt*, terre cuite.

11 Ecran en bois sculpté et doré recouvert d'une soierie, époque Louis XVI.

Cheminée en marbre blanc ornée de bronzes dorés, époque Louis XVI et trumeau de glace en bois peint, provenant de l'Hôtel Samuel Bernard, rue du Bac à Paris, époque Louis XVI.

Garniture de cheminée formée d'une horloge et de deux girandoles en bronze doré, époque Louis XVI.

Chaises en bois sculpté et doré d'un modèle de Georges Jacob (1739-1814), maître en 1765, style Louis XVI.

Plafond peint : Giambattista Tiepolo (1696-1770)
Allégorie de la Justice et de la Paix.

Alexandre Roslin (1718-1793), *Autoportrait.*

Formée de deux chambres, l'aile en retour sur le boulevard fut d'abord destinée à l'appartement privé de Nélie Jacquemart. Edouard André demanda en effet à son architecte de l'aménager pendant leur voyage de noces, afin d'en réserver la surprise à sa nouvelle épouse.

Pour le cabinet de toilettes, il choisit le style "Louis XVI-Impératrice" qui avait eu les préférences d'Eugénie de Montijo aux Tuileries. Mais comme dans les autres pièces de la maison, il mélange l'ancien et le moderne. Une cheminée de marbre provenant de l'hôtel Samuel Bernard est installée, tandis qu'il commande des boiseries aux meilleurs menuisiers.

Cartel en bois doré à mouvement horizontal, époque Louis XVI.

Joseph Chinard (1756-1813) Buste présumé de *Théroigne de Méricourt,* terre cuite.

Commode en marqueterie de bois de rose et d'amarante à décor d'instruments de lettré, ornée de bronzes dorés et ciselés, dessus de marbre de brèche rose, estampillée Pierre Roussel J.M.E (1723-1782), maître à Paris en 1745, époque Louis XV - Louis XVI.

Transformée au cours des années 1890, la première pièce a conservé de sa fonction d'origine son alcôve à balustrade, surmontée d'un grand miroir, où venait se placer autrefois la baignoire. Fut-elle ensuite un oratoire ou un petit cabinet de musique ? Le souvenir s'en était perdu jusqu'à ce que le dépouillement des archives permette d'en reconnaître l'utilisation d'origine. Une commode estampillée Roussel, sur laquelle est présenté un buste en terre cuite de Chinard, que l'on a parfois reconnu comme le portrait de Theroïgne de Méricourt, l'héroïne révolutionnaire, a remplacé cette baignoire. Tout autour, un mobilier de style Louis XVI en bois doré et des tableaux de maîtres forment un ensemble cohérent d'époque néo-classique. Ainsi, associés à ce genre du portrait que sa femme aimait,

Jacques-Louis David (1748-1825)
Portrait du Comte Antoine Français de Nantes, conseiller d'Etat
huile sur panneau de bois, 1,14 x 0,75 m.

Le réalisme héroïque fut la part du peintre David, dont ce portrait donne une interprétation magistrale. On a dit qu'il empruntait à ses modèles leurs costumes pour pousser son soucis du détail vrai à l'extrême, mais il traite aussi le personnage comme une effigie à l'antique, marmoréenne. C'est en définitive l'image idéale du grand commis de l'Etat qu'il offre, avec tout ce qu'elle suppose d'autorité, sévère.

François Taurel (1757-1832)
Vue d'un port français.

Joseph Ducreux (1735-1802)
Autoportrait.

Edouard André conclut avec celui-ci le parcours dans son siècle favori. Ici, la *Comtesse Skavronskaia* de Vigée-Lebrun rappelle le goût de la cour royale et de celle qui fut l'interprète privilégiée de Marie-Antoinette, tandis que le *Comte Français de Nantes*, peint par David, évoque la rigueur de l'étiquette impériale ; cette confrontation amusante se résout devant *l'Autoportrait* de Ducreux, un rien ironique ; la rêverie mélancolique d'un *Charles-Cadet de Gassicourt* que Pierre-Paul Prud'hon réalise en Italie, est un prélude à la sensibilité de l'âge romantique.

Enfin, au-dessus de ces œuvres, si différentes d'esprit mais d'une égale qualité, Tiepolo prête son talent à *l'Allégorie de la Justice et de la Paix*, qui orne le plafond du boudoir, dernier hommage rendu aux fantaisies décoratives de cette époque.

Pierre-Paul Prud'hon (1758-1823)
Portrait de Charles-Louis Cadet de Gassicourt.

Louise-Elisabeth Vigée-Lebrun (1755-1842)
Portrait de la Comtesse Catherine Skavronskaia
huile sur toile, 1,35 x 0,95 m.

Existe-t-il un art de la femme ? Si la grâce appartient au modèle et suggère ce qui revient en propre au sexe dit faible, le peintre lui offre des qualités qu'on ne lui connaît pas, trouve une pose, choisit des coloris, compose en un mot pour transfigurer le naturel sans que l'artifice n'apparaisse inhabituel. Au final, cette force créatrice aboutit au chef-d'œuvre et peu importe qu'il soit masculin ou féminin.

6 La Bibliothèque

1 Anton Van Dyck (1599-1641)
Portrait de magistrat.

2 Attribué à Pierre Sauvage (1744-1818)
Jeux d'enfants, grisaille.

3 Anton Van Dyck (1599-1641)
Le Temps coupe les ailes de l'Amour.

4 Frans Hals (1580-1666)
Portrait d'homme.

5 Jan de Bray (1626-1697)
Portrait d'homme.

6 Rembrandt Van Rijn (1606-1669)
Portrait du Docteur Arnold Tholinx.

7 Anton Van Dyck (1599-1641)
Portrait du Comte Henri de la Pena.

8 Rembrandt Van Rijn (1606-1669)
Les Pélerins d'Emmaüs.

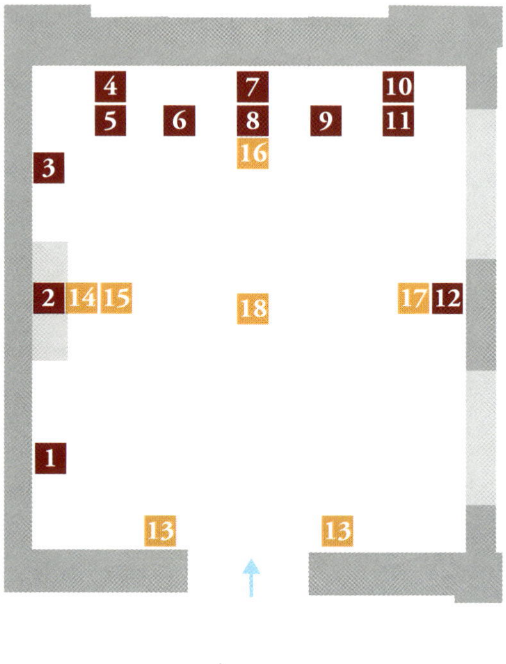

9 Rembrandt Van Rijn (1606-1669)
Portrait d'Amalia van Solms.

10 Attribué à Judith Leyster (vers 1600-1660)
Portrait d'Enfant riant.

11 Philippe de Champaigne (1602-1674)
Portrait d'homme.

12 Jacob Van Ruysdael (1628-1682)
Paysage des environs de Haarlem.

13 Armoire en bois de palissandre ornée de bronzes dorés, contenant des biscuits et porcelaines de Sèvres et de Saxe, époque Régence.

14 • Ecole française, XVIIIe siècle.
Buste de *Louis XVII*, marbre.
• Girandoles en bronze doré et bruni, époque Louis XVI.

15 Ecran en bois sculpté et doré recouvert d'une tapisserie à décor de vase de fleurs sur fond blanc, époque Régence.

16 Cabinet en marqueterie incrusté d'ivoire sur fond de poirier noirci, à décor de bouquets de fleurs et d'oiseaux, Flandres XVIIe siècle.

17 Table en marqueterie incrustée d'ivoire, bois noirci, à décor de fleurs, XIXe siècle.

18 Vitrine contenant des antiquités égyptiennes, surmontée d'un *Moïse* en bronze d'Andrea Riccio (1470-1532).

Lustre en cristal et bronze ciselé et doré, époque Restauration.

Plafond peint : Ecole française, seconde moitié du XVIIIe siècle, *Minerve.*

Anton Van Dyck (1599-1641)
Le Temps coupe les ailes de l'Amour.

Chambre à coucher de Nélie Jacquemart devenue bibliothèque, cette pièce est la plus reculée de l'hôtel. Les deux époux s'y retrouvaient pour consulter les catalogues de vente et décider de leurs futurs achats. Sur les rayonnages de deux armoires-vitrines sont disposés les livres à reliure précieuse qu'ils appréciaient en bibliophiles avertis. Pour des raisons de conservation, des porcelaines françaises et allemandes, de Sèvres ou de Saxe, les ont aujourd'hui remplacés : Edouard André les collectionna très tôt, les présentant à l'occasion des expositions organisées par l'Union centrale des Arts décoratifs. Aux murs, le visiteur découvre une série de tableaux flamands et hollandais, qui tous appartiennent au XVIIe siècle.

Frans Hals (1580-1666)
Portrait d'homme.

Une telle entorse à la règle que s'est fixé Edouard André peut surprendre, mais, en collectionneur averti, Edouard André connaissait l'influence de cette peinture sur les artistes français du siècle suivant et la parenté que certains d'entre eux revendiquent. Il est donc naturel qu'il se soit intéressé aux maîtres de ces écoles et qu'il ait cherché à en rassembler quelques bons exemples.

Rembrandt van Rijn (1606-1669)
Les Pélerins d'Emmaüs
huile sur toile, 0,39 x 0,42 m.

Au cours de sa longue carrière, Rembrandt aborde à plusieurs reprises le thème des pèlerins d'Emmaüs. De toute évidence, la version du musée Jacquemart-André est la plus saisissante et la mieux réussie. Si le peintre, utilisant les ressources de l'éclairage artificiel et plongeant la scène dans une obscurité profonde, utilise habilement les ressources du style caravagesque, c'est à coup sûr pour augmenter son intensité dramatique. Mais ce qui peut apparaître alors comme un archaïsme devient au sens propre une interprétation métaphysique, la plus proche et la plus fidèle du texte biblique.

Anton Van Dyck (1599-1641)
Portrait de magistrat.

Jacob Van Ruysdael (1628-1682), *Paysage des environs de Haarlem.*

Au reste, la série est peu nombreuse, mais éloquente : de Van Dyck, un *Portrait de magistrat* plus flamand que de nature et une scène mythologique, *Le Temps coupe les ailes de l'Amour*, rarissime chez ce peintre ; de Frans Hals un *Portrait d'homme* à la facture étonnamment moderne, alors que Jan de Bray perpétue la manière si méticuleuse de cette école. Que dire des Rembrandt, le *Docteur Tholinx*, les *Pélerins d'Emmaüs* et la figure d'*Amalia Van Solms* qui forment en trois temps un résumé de la carrière et de l'évolution stylistique du peintre. Peu de musées peuvent se vanter en effet d'offrir à leurs visiteurs un tel parcours : du réalisme aigu et délicat des débuts, à la vision surréelle de l'âge mûr et au ton dramatique du soir de sa vie. A leurs côtés, un *Portrait* de Philippe de Champaigne évoque un autre aspect de la tradition flamande avec son réalisme poétique. Comment mieux conclure enfin cette série impressionnante de chefs d'œuvre, qu'en se perdant dans un tumultueux *Paysage* de Ruysdael ?

Plus tard, Nélie Jacquemart introduit une note inédite en disposant dans une vitrine octogonale, placée au milieu de la pièce, une série d'antiquités égyptiennes qu'elle a rapportées d'un lointain voyage, témoins de son goût éclectique.

Philippe de Champaigne (1602-1674)
Portrait d'homme.

Rembrandt Van Rijn (1606-1669)
Portrait du Docteur Arnold Tholinx.

Rembrandt Van Rijn (1606-1669)
Portrait d'Amalia van Solms.

7 Le Salon de Musique

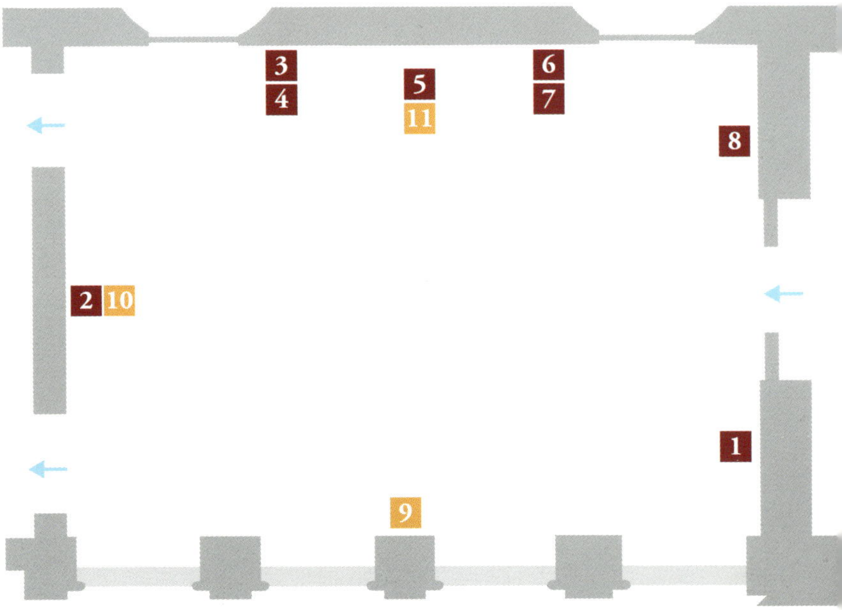

1 Hubert Robert (1733-1808)
Galerie en ruines.

2 Manufacture royale de Beauvais,
tapisserie représentant *Le repas après la chasse*,
d'après un carton de François Boucher (1703-1770).

3 Jean-Honoré Fragonard (1732-1806)
Tête de vieillard.

4 Jean-Baptiste Perronneau (1715-1783)
Portrait de femme en bonnet.

5 Ecole française, XVIIIe siècle
Portrait d'homme en pied.

6 Jean-Baptiste Perronneau (1715-1783)
Portrait du Peintre François Gillequin.

7 Nicolas de Largillière (1656-1746)
Portrait d'homme.

8 Giovanni Paolo Panini (1691-1765)
Caprice architectural.

9 Corps d'armoire à deux portes en chêne,
à décor de chimères,
atelier de Hugues Sambin, Dijon.
Seconde moitié du XVIe siècle.

10
- Bas de bibliothèque en bois noirci, époque Napoléon III.
- Nélie Jacquemart (1841-1912) Buste d'*Edouard André*, bronze.

11 Banquette en bois noirci au chiffre d'Edouard André,
époque Napoléon III.

Plafond peint : Pierre-Victor Galland (1822-1892),
Triomphe d'Apollon.

Jean-Honoré Fragonard
(1732-1806)
Tête de vieillard.

Rebroussant chemin et traversant le grand salon, on accède au salon de musique, dans l'aile droite de l'hôtel. Dans cette maison, aucune pièce aussi vaste et aussi haute ne reflète mieux l'esprit du Second Empire. L'architecte s'est inspiré de ces salons de réception qui, comme ceux des Tuileries ou du château des Rothschild à Ferrières, présentent un décor pompeux tapissé de brocarts cramoisis.

Elevé sur deux niveaux, il est surmonté d'un plafond à voussures, décoré par Pierre-Victor Galland. Décorateur en vogue, celui-ci y a figuré un *Apollon protecteur des arts*.

L'orgue Cavaillé-Coll d'Edouard André était installé sur un côté de la mezzanine et les soirs de concert des musiciens s'y plaçaient. A la fin de sa vie, Nélie Jacquemart recevra les compositeurs de l'Ecole de Paris. On conserve dans sa correspondance des lettres de remerciements signées Fauré, d'Indy ou Debussy.

Bercés par un flot musical qui semble descendre du ciel, les visiteurs peuvent encore admirer quelques œuvres célèbres de la peinture française : une *Galerie en ruine* d'Hubert Robert, des Portraits de Perronneau, un *Portrait de Vieillard* de Fragonard, dont l'expression contraste avec un élégant *Portrait d'homme en pied*, resté anonyme, malgré les attributions prestigieuses qu'on lui a données, un portrait de Largillière et enfin un *Caprice architectural* inventé par l'italien Panini, mais longtemps attribué à son élève Hubert Robert. Sous une tenture de Beauvais, qui représente un *Repas après la chasse* d'après un carton de François Boucher, on peut reconnaître les traits d'Edouard André à la fin de sa vie, tels que sa femme les a fixés sur un buste en bronze, le seul qu'elle ait jamais réalisé.

Hubert Robert (1733-1808)
Galerie en ruines.

8 *Le Jardin d'Hiver et l'Escalier*

1 Art gréco-romain, période hellénistique.
Statue de *Victoire sans ailes,* marbre.

2 Art romain IIIe siècle après J-C.
Sarcophage avec bas-relief représentant
Minerve et Cérès, marbre.

3 Copie d'après la sculture grecque antique.
Bas-relief de *Bacchante*, plâtre.

4 Art greco-romain, IIe siècle après J-C.
Stèle votive, marbre.

5 Ecole vénitienne,
première moitié du XVIe siècle.
Buste d'*empereur*, bronze.

6 Atelier d'Allessandro Vittoria (1525-1608)
Venise XVIe siècle.
Buste d'*homme barbu*, marbre.

7 Allessandro Vittoria (1525-1608)
Buste de *la Comtesse Diana Tenderini*, marbre.

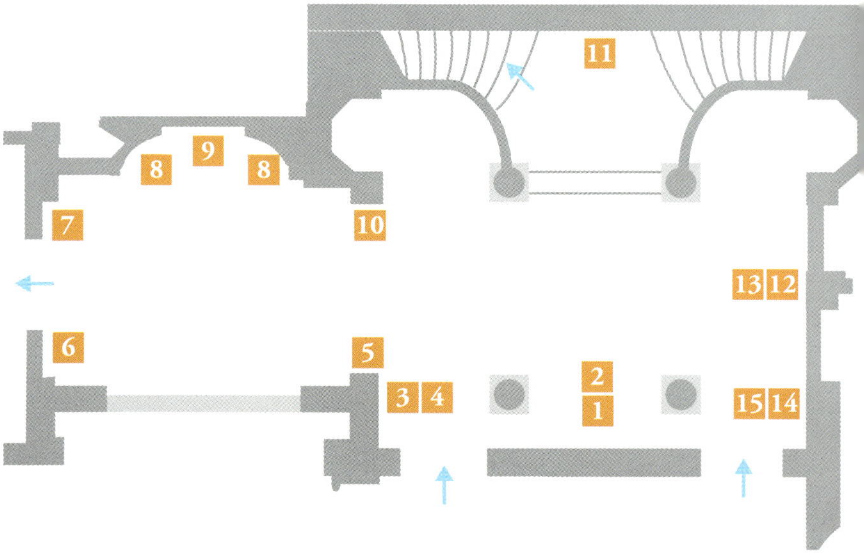

8 • Art romain, période impériale.
Colonnes à cannelures torses.

• Art romain, vase cotelé à anse, marbre.

• Art romain, vasque, marbre.

9 Art gréco-romain.
Statue de *femme en pied portant une grappe*, marbre.

10 Ecole vénitienne, première moitié du XVIe siècle.
Buste de *femme*, bronze et albâtre.

11 Jean Warin (1604-1672)
Buste du *Cardinal de Richelieu*, bronze.

12 Ecole italienne, XVIe siècle.
Buste d'*Auguste en cuirasse*, marbre.

13 • Art romain, période impériale.
Cippe en forme d'autel, marbre de Carrare, époque d'Auguste.

• Art grec, IIe siècle après J-C.
Statue d'*Eros*, marbre.

14 Ecole italienne, XVIe siècle, médaillon, pierre.

15 Art gréco-romain.
Statue de *femme drapée*, marbre.

Derrière le Salon de musique, se trouve une autre salle, le jardin d'hiver, caractéristique de l'art de recevoir qui se développe sous le règne de Napoléon III. Venue de Grande-Bretagne, cette innovation connaît un grand succès et consiste à disposer, sous le couvert d'une verrière, des plantes en pots, le plus souvent exotiques. Cet espace végétal permet aux invités de venir se reposer un instant dans un cadre plus rafraîchissant que les étouffants salons voisins.

Jean Warin (1604-1672)
Buste du *Cardinal de Richelieu*, bronze.

Art gréco-romain, période hellénistique.
Statue de *Victoire sans ailes*, marbre.

L'architecte Henri Parent se prête de bonne grâce à cet aménagement voulu par le commanditaire. Il lui propose cependant un ornement plus rare pour faire de son hôtel un lieu exceptionnel. On n'a pas encore rencontré d'escalier qui mène à l'étage supérieur : d'ordinaire, la rampe se situe au niveau du corps central ou à ses côtés, mais ici l'architecte décide de la rejeter au bout du bâtiment. Ce choix original s'explique probablement par son intention de prouver qu'il peut surpasser Charles Garnier. S'appuyant sur le mur de refend et sur deux colonnes de marbre, il conçoit un escalier à double révolution qui s'élève jusqu'à une corniche de forme elliptique, sans aboutir à un palier. La fonction de l'équipement semble donc bannie au profit d'une féérie théâtrale conçue pour le seul plaisir des yeux. Science de l'effet, goût du décor, équilibre subtil de surprises et de surcharges s'y rejoignent et font de l'escalier de l'hôtel un monument sans égal.

9 *Le Fumoir*

1 Sir William Beechey (1753-1839)
Portrait de jeune femme en costume d'amazone.

2 Sir Thomas Lawrence (1769-1830)
Portrait du Comte de Buckingham.

3 Ecole anglaise, XVIIIe siècle,
Portrait de deux sœurs.

4 Sir Joshua Reynolds (1723-1792)
Portrait du Capitaine Torryn.

5 John Hoppner (1756-1810)
Portrait de Mrs Inchbald.

6 John Hoppner (1756-1810)
Portrait de jeune femme.

7 Ecole anglaise, XVIIIe siècle,
Portrait de femme.

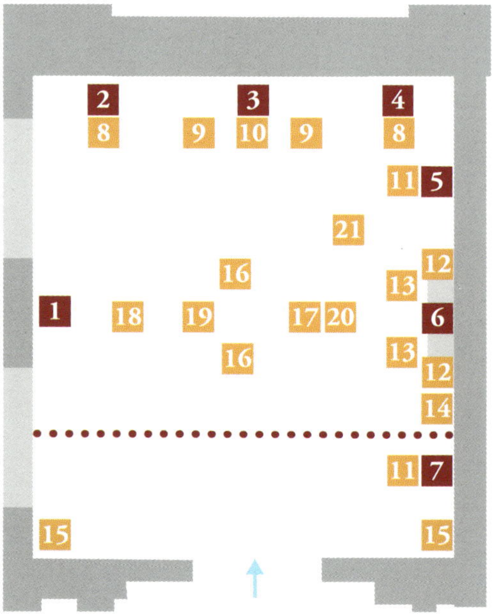

8 Paire de brûles-parfum à décor floral, émail cloisonné, Chine, XIXe siècle.

9 Paire de dragons, terre cuite, recouverts d'un engobe noir. Chine, XIXe siècle.

10 Buffet en bois sculpté, école française XVe siècle, surmonté d'une vitrine contenant :
- une lampe de mosquée, verre émaillé, art syro-égyptien, XIVe siècle.
- deux coupes de l'atelier de Bernard Palissy (1510-1590).
- une salière en faïence de Saint-Porchaire, France XVIe siècle.
- deux assiettes en faïence émaillée, Perse XVIe siècle.
- deux bols en cuivre repoussé, Perse XIVe siècle.

11 Cabinets en bois éxotique sculpté et incrusté, travail indo-portuguais, XVIIe siècle.

12 Paire de vases en porcelaine Imari, Japon, début XIXe siècle.

13 Andrea Briosco, dit Il Riccio (1470-1532) Personnages, bronze.

14 Casque de parade vénitien, reposant sur une torchère en bois dorée, XVIe siècle.

15 Paire de vases à décor floral sur fond turquoise, émail cloisonné, Chine, XIXe siècle.

16 Deux poufs en tissus polychromes à motifs arabisants.

17 Table octogonale en chêne sculpté, Italie, XVIe siècle, surmontée d'une vitrine contenant des antiquités islamiques.

18 Tapis Persan, laine, Iran XVIIIe siècle.

19 Tapis Ouchak, laine, Anatolie XVIe siècle.

20 Tapis Ottoman, laine, Egypte XVIe siècle.

21 Tapis Damascain, laine, Syrie XVIe siècle.

Cheminée aux armes de la famille des Micheli de Venise. Ecole italienne, XVIe siècle, marbre.

Plafond : Ecole vénitienne, XVIe siècle, *La Dispute de Minerve et de Neptune.*

Lampe de mosquée, verre émaillé, art syro-égyptien, XIVe siècle.

La dernière salle des grands appartements est avant tout réservée aux hommes. C'est là qu'ils se retiraient après les plaisirs de la table pour savourer un bon cigare ou goûter une eau de vie.

Sir Joshua Reynolds (1723-1792)
Portrait du Capitaine Torryn.

Sir Thomas Lawrence (1769-1830)
Portrait du Comte de Buckingham.

Edouard avait fait tendre les murs de simili cuir de Cordoue en papier mâché et décorer le plafond d'une peinture représentant la *Dispute de Minerve et de Neptune sur la fondation d'Athènes*, réalisée par un disciple du Tintoret.

Après la mort de son mari, Nélie Jacquemart en modifie le caractère et l'arrange à sa manière, plus désinvolte. D'un voyage en Grande-Bretagne elle rapporte une série de portraits anglais du XVIIIe siècle : Lawrence Gainsborough et d'autres sont représentés dans cette collection, quand de grands musées français méconnaissent alors leurs talents. La même curiosité la pousse au-delà des mers : découvrant de nouveaux horizons, elle rapporte de ces contrées lointaines des objets de rêve qui trouvent leur place dans ce fumoir composant un curieux bric-à-brac qui ne manque pas de fantaisie : tapis d'Orient, antiquités de Perse et mobilier des Indes s'associent, sous les yeux d'un *Joueur de luth* de Francesco Salviati.

Plafond : Ecole vénitienne, XVIe siècle,
La Dispute de Minerve et de Neptune.

10-11 *La Fresque de Tiepolo et la Galerie des Musiciens*

1 Giambattista Tiepolo (1696-1770)
Henri III reçu par le Doge Contarini, fresque.

2 Eléments de trois tapisseries,
Flandres, XVIIe siècle.

3 Ecole italienne, XVIIIe siècle.
Statues d'*Hercule et Diane*, marbre.

4 • Table basse en bois, Italie, fin XVe siècle.
• Ecole italienne, XVIe siècle.
D'après Benvenuto Cellini,
L'enlèvement de Ganymède, faïence.

5 Ecole espagnole, XVIIe siècle.
Portrait d'*homme en pied.*

6 Ecole française, XVIe siècle.
La Récompense de la vertu, les dangers du plaisir,
tapisserie au point.

7 Ecole vénitienne, XVIe siècle.
Portrait du *Comte Gambara.*

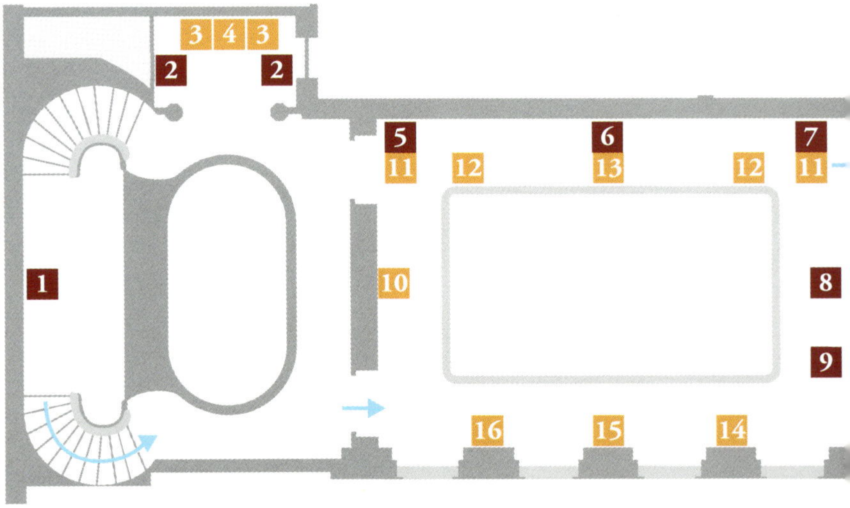

8 Tapisserie de Bruxelles, XVIe siècle.
Le Portement de Croix,
d'après un carton de Barent van Orley (1488-1541)

9 Tiziano Vecellio (vers 1485-1576)
Portrait d'*Hercule d'Este.*

10 Buffet en chêne sculpté et doré
surmonté d'une vitrine contenant
des majoliques italiennes et des verres vénitiens.

11 Italie, XVIe siècle.
Coffres en bois sculpté et doré.

12 Vases de garniture de cheminée en bronze doré
et bruni, époque Louis XVI, supportés par des gaines
en laiton peint façon Boulle, ornées de bronzes ciselés
et dorés, époque Louis XIV.

13 Banquette en chêne sculpté et doré,
Italie, XVIe siècle.

14 Ecole vénitienne, XVIe siècle.
Buste de *femme*, bronze.

15 Gian Lorenzo Bernini (1598-1680)
Buste de *Grégoire XV*, bronze.

16 Ecole vénitienne, XVIe siècle.
Buste de *Giangiacomo Trivulzio*,
bronze.

Gian Lorenzo Bernini (1598-1680)
Buste de *Grégoire XV*, bronze.

En 1893, l'illusionnisme de l'escalier est renforcé par l'acquisition d'un ensemble de fresques de Tiepolo provenant de la Villa Contarini à Mira. Les dimensions confèrent à cette entreprise un caractère exceptionnel. Bien plus, l'emplacement choisi crée un effet de surprise particulièrement fort : comme les personnages représentés sur le panneau central, le visiteur découvre progressivement ces fresques en gravissant les marches. Avec le page dont les jambes débordent du cadre ou les belles vénitiennes qui semblent se pencher par-dessus leur balcon pour assister à la scène, il retrouve également les effets de trompe-l'œil, aussi chers au fresquiste qu'aux époux André.

Arrivé en haut de l'escalier, le visiteur traverse alors la mezzanine, pour accéder au *Musée italien,* qu'annonce une vitrine présentant des céramiques et des verres italiens. Trois coupes d'une grande rareté issues des ateliers de Murano rappellent ce que cette production doit à l'art byzantin. Des assiettes et des plats de faïence émaillée soulignent l'évolution de la céramique, depuis les foyers hispaniques héritiers de la Perse et du Proche Orient jusqu'aux créations de la péninsule italienne, à Gubbio, Deruta et bien sûr à Faenza.

Plus loin, une série de bustes en bronze ou en terre cuite patinée scandent la progression du visiteur qui peut s'arrêter un instant devant l'effigie du Pape Grégoire XV, sculptée par Le Bernin. Il découvre également deux tentures, le célèbre *Portement de croix*, tissé à Bruxelles au XVe siècle et une curieuse tapisserie au point, probablement d'origine française. Parmi les portraits, Titien lui réserve le meilleur avec son *Hercule d'Este.*

Tapisserie de Bruxelles, XVIe siècle. *Le Portement de Croix,*
d'après un carton de Barent van Orley (1488-1541)

12 La Salle des Sculptures - l'Atelier

1
- Attribué à Francesco di Simone Ferrucci (1437-1493)
  Vierge à l'enfant, médaillon, stuc peint
- Attribué à Benedetto da Rovezzano (1474-1522)
  Saint Michel et Lucifer, marbre.
- Ecole florentine, XVe siècle, porte, marbre.

2
- Ecole florentine, XVe siècle.
  Hadrien, marbre.
- Ecole toscane, XVe siècle, niche, marbre.
- Ecole vénitienne, XVe siècle.
  Buste de *Niccolo Orsini,* marbre.
- Ecole de Lucques, XVIe siècle. *Christ,* marbre.
- Ecole vénitienne, XIVe siècle.
  Vierge et l'Enfant, terre cuite.

3
- Bartolomeo Bellano (1430-1496).
  Déploration du Christ mort, terre cuite patinée.
- Ecole vénitienne, premier quart du XIVe siècle.
  Encadrement de porte, pierre d'Istrie.

4
- Ecole florentine, XVe siècle.
  D'après Antonio Rossellino, *Vierge et l'Enfant,* stuc peint et doré.
- Domenico di Paris, (actif à Ferrare entre 1450 et 1470)
  Vierge à l'enfant, stuc peint et doré.
- Ecole florentine, XVe siècle. D'après Antonio Rossellino.
  La Vierge, l'Enfant et trois chérubins, stuc peint.
- Gian Cristoforo Romano (vers 1465-1512)
  Portrait de *Capilliata Colleoni,* marbre.

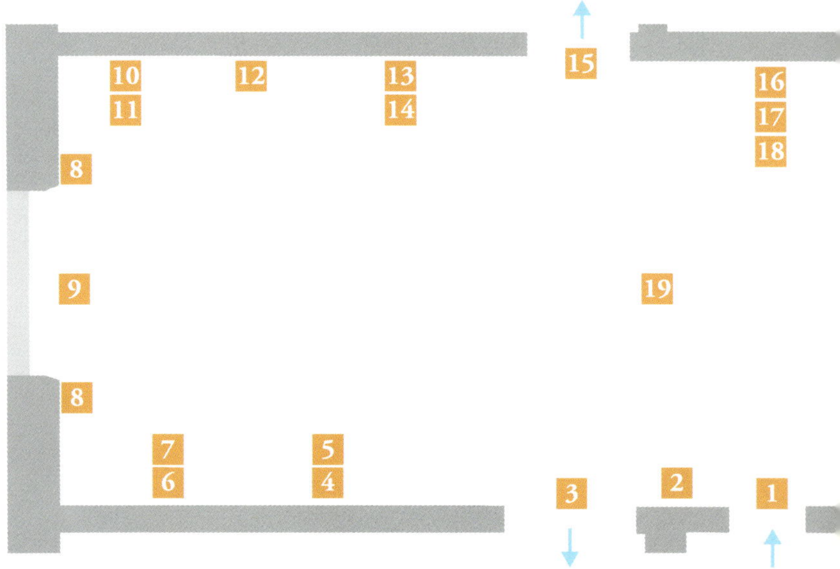

4 • Ecole de Rimini, vers 1468.
Portrait de *Sigismondo Pandolfo Malatesta,* marbre.
• Desiderio da Settignano (1428-1464) *Jeune Héros,* marbre.
• Pesaro, vers 1495. Carreaux de pavement aux armes d'Isabelle d'Este, faïence polychrome.

5 • Ecole italienne, XVᵉ siècle, coffre en bois.
• Donato di Niccolo, dit Donatello (1386-1466)
Paire d'*Anges porte-torchère,* bronze.
• Francesco Laurana (signalé de 1458 à 1502)
Buste d'Isabelle d'Aragon, marbre.

6 • Ecole vénitienne, XVIᵉ siècle. Portrait de *Michiel,* marbre.
• D'après Benedetto da Majano (1442-1497)
Vierge à l'enfant, carton pâte polychrome.
• Ecole vénitienne, XVIᵉ siècle. Portrait de *Michiel,* marbre.
• Ecole florentine, XVIᵉ siècle.
Fragments d'une cheminée, pierre d'Istrie.

7 Ecole florentine, XVᵉ siècle.
Portrait de *Lorenzo Soderini,* marbre.

8 Ecole vénitienne, XVIᵉ siècle.
Colonnes, pierre.

9 Atelier d'Alessandro Vittoria (1525-1608).
Table à jeux, marbre avec incrustations.

10 • Ecole florentine, XVᵉ siècle. D'après Andrea di Lazzaro Calvalcanti (1412-1462). *Vierge à l'Enfant,* stuc peint.
• Ecole siennoise, XVᵉ siècle. *Vierge à l'enfant,* stuc peint.
• Ecole florentine, XVᵉ siècle. D'après Mino da Fiesole (1429-1484), *Vierge à l'enfant,* marbre.
• Attribué à Matteo Civitali (1436-1501)
La Vierge et l'enfant, stuc peint.
• Desiderio da Settignano (1430-1464)
Saint Jean-Baptiste, stuc peint.
• Ecole florentine. D'après Luca della Robbia (1400-1482) *La Vierge et l'enfant,* stuc peint.
• Benedetto Briosco (actif à Milan entre 1480 et 1506)
Portrait de *Ludovic le Maure,* marbre.

11 Ecole italienne, XVᵉ siècle.
Coffre de mariage.

12 Ecole vénitienne, XVᵉ siècle, fontaine, pierre d'Istrie.

13 • Ecole florentine, milieu du XVᵉ siècle.
D'après Andrea di Lazzaro Calvalcanti (1412-1462).
Vierge et l'enfant, stuc peint.
• Ecole florentine, XVᵉ siècle.
D'après Donatello (1386-1466)
Vierge à l'enfant entourée de cinq anges, marbre.
• Ecole florentine, XVᵉ siècle. *Faustine,* pierre.
• Ecole de Lucques, XVᵉ siècle. *Jules César,* marbre.
• Ecole florentine, XVᵉ siècle.
D'après Pollajuolo (1431-1498)
Naissance de Saint-Jean-Baptiste, terre cuite.

14 Ecole florentine. D'après Desiderio da Settignano (1428-1464) *Putto-Pissatore,* marbre.

15 • Ecole siennoise, milieu du XVᵉ siècle.
D'après Urbano da Cortona (1426-1504)
La Nativité, stuc peint.
• Attribué à Benedetto da Rovezzano (1474-1552)
Encadrement de porte, marbre.

16 • Ecole florentine, XVᵉ siècle.
D'après Antonio Rossellino (1427-1470)
Vierge à l'enfant, stuc peint et doré.
• Ecole florentine, seconde moitié du XVᵉ siècle.
D'après Desiderio da Settignano (1428-1464)
Vierge à l'enfant, stuc peint.
• Domenico Rosselli (1439-1497)
Le pape Saint Grégoire, marbre.
• Ecole florentine, fin XVᵉ siècle.
D'après Benedetto da Majano (1442-1497)
Vierge à l'enfant, stuc peint.

D'ordinaire, l'étage noble des hôtels particuliers est occupé par les appartements privés des propriétaires. Pour des raisons qui nous échappent, Edouard André ne demande pas à son architecte de l'aménager et ce niveau reste désaffecté jusqu'en 1881, lorsqu'il fait installer dans le corps central un atelier de peintre pour son épouse. Il n'hésite pas alors à faire modifier la façade supérieure pour que celle-ci dispose de la luminosité d'une grande baie vitrée. Mais Nélie renonce rapidement à poursuivre son activité de portraitiste et s'en sert de garde-meuble pour ses biens personnels.

Francesco Laurana (signalé de 1458 à 1502) *Buste d'Isabelle d'Aragon,* marbre.

Vers 1890, cependant, ils décident d'y exposer leurs collections de la Renaissance. Ce projet de *Musée italien*, leur est probablement inspiré de l'exemple de leurs amis conservateurs : c'est l'époque de la naissance de grands musées comme le Bargello à Florence, le Bode Museum à Berlin ou la National Gallery de Londres. Trois salles sont ainsi successivement affectées à la peinture, aux objets d'art et à la sculpture.

La première salle que découvre le visiteur, l'ancien atelier de Nélie, abrite les trésors de la sculpture italienne. En entrant à gauche, on découvre un premier panneau, dont l'agencement révèle, de la part de Nélie, un souci d'harmonie

17 • Ecole de Lucques, première moitié du XVIᵉ siècle, *Christ couronné d'épines,* marbre.
• Atelier d'Andrea del Verrocchio (1435-1488), vers 1480, *Allégories de la Foi, l'Espérance, la Charité, la Justice,* marbre.
• Atelier génois, XVᵉ siècle, *L'Annonciation,* marbre.
• Ecole florentine, seconde moitié du XVᵉ siècle.
Vierge à l'Enfant, marbre.
• Faenza, 1468, *L'Histoire des reliques de Saint Emilien, évêque de Faenza,* marbre.
• Atelier sicilien, XVᵉ siècle. *Le Christ devant Pilate,* marbre.
• Crémone, seconde moitié du XVᵉ siècle.
Saint Guerrier, terre cuite.
• Crémone, seconde moitié du XVᵉ siècle. *Sainte,* terre cuite.

18 Ecole italienne, XVᵉ siècle, coffre de mariage en bois orné de peintures représentant des scènes de l'Histoire d'Atlante.

19 • Ecole italienne, XVIᵉ siècle, table octogonale en bois sculpté.
• Jean de Bologne (1529-1608), *Hercule et le Centaure,* bronze patiné.

Donato di Niccolo,
dit Donatello (1386-1466)
Ange porte-torchère, bronze.

La Salle des Sculptures - la Rotonde

1 Girolamo da Vicenze, XVe siècle.
Le Martyre de Saint Sébastien.

2 Pietro di Giovanni di Ambrogio,
(actif entre 1428 et 1448)
Sainte Catherine en gloire.

3 Francesco Botticini (1446-1497)
Vierge à l'enfant entre Saint Jean-Batiste, Saint Pancrace, Saint Sébastien et Saint Pierre.

4 Ecole vénitienne, XVIe siècle.
Grande porte en pierre à archivolte et vantaux de bois.

5 Francesco Cossa (1436-1477)
Vierge à l'enfant (vitrail).

6
- Domenico Rosselli (1439-1497)
  Saint Jérôme, pierre.
- Domenico Rosselli (1439-1497)
  Saint Aldebrand, pierre.

7 Luca della Robbia (1400-1482)
Vierge et l'enfant, terre émaillée blanche.

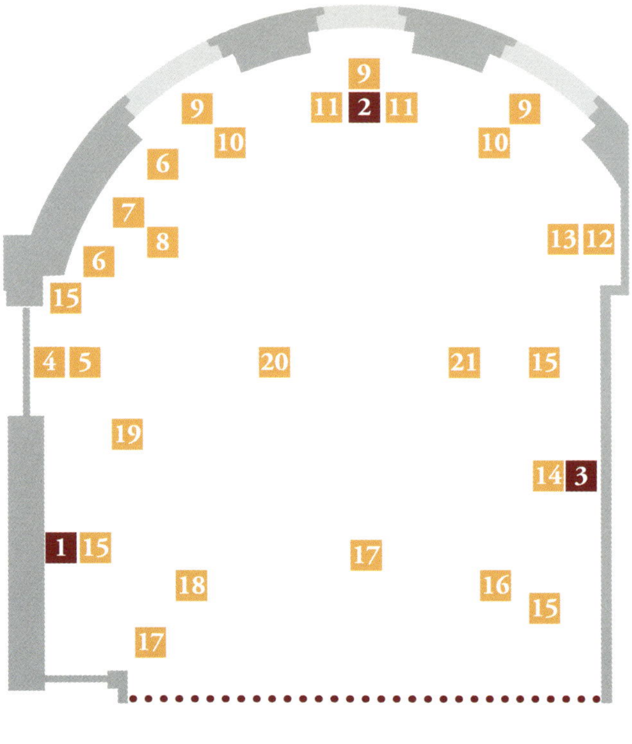

8 Ecole lombarde, XVe siècle.
Buste de *femme*, plâtre peint.

9
- Atelier d'Andrea della Robbia.
Buste de jeune homme inscrit dans une couronne de fruits, faïence polychrome.
- Atelier d'Andrea della Robbia.
Armes de la famille Filicaja inscrites dans une couronne de fruits, faïence polychrome.

10 Ecole italienne, XVIe siècle.
Tabourets en bois sculpté et doré.

11
- Andrea della Robbia (1434-1525)
L'Ange de l'Annonciation, terre émaillée blanche.
- Andrea della Robbia(1434-1525)
La Vierge de l'Annonciation, terre émaillée blanche.
- Ecole vénitienne, premier quart du XVIe siècle.
Paire de socles aux armes de la famille Giustiniani de Venise, pierre d'Istrie.

12 Ecole florentine, XIXe siècle.
D'après Andrèa della Robbia.
La Vierge et l'enfant, faïence polychrome.

13 Ecole florentine, premier quart du XVIe siècle.
Porte aux armes de la famille Turringhelli.

14
- Ecole vénitienne, XVe siècle.
Cassonne en bois sculpté de style gothique.
- Ecole Florentine, XVe siècle.
Enfant tenant un chien, marbre.

15 Ecole française, XVIe siècle.
Caquetoires en bois sculpté.

16 Attribué à Leon Battista Alberti (1404-1472)
Buste de Ludovic Gonzague Marquis d'Este, bronze.

17
- Ecole italienne, XVIe siècle.
Table en bois sculpté.
- Ecole Florentine, XVe siècle.
Aiguières en Porcelaine de Médicis.
- Donato di Niccolo dit Donatello (1386-1466), *Martyre de Saint Sébastien*, bronze.
- Tapis en laine, Perse, XVIe siècle.

18 Daniele da Voltera (1509-1566)
Buste de *Michel-Ange Buonarroti,* bronze.

19
- Ecole italienne, XVIe siècle, table en bois sculpté.
- Atelier Padouan, XVe siècle.
Chevaux, (paire), bronze patiné et doré.
- Tapis en laine, Perse, XVIe siècle.

20 Ecole siennoise, XVe siècle.
Vierge agenouillée, bois peint et doré.

21 Attribué à Domenico di Niccolo (1363-1453)
L'Ange de l'Annonciation, bois peint.

plus que de cohérence historique. Sur un coffre incrusté, elle place deux *Anges porte-torchère* en bronze de Donatello et un *Buste de princesse* en marbre, attribué à Francesco Laurana. Plus haut, trois bas-reliefs présentant les profils de personnages historiques sont scellés au mur ; enfin, trois compositions en stuc encadré, des *Vierges à l'enfant,* sont accrochées à la cimaise pour offrir au regard un résumé des différents genres et des techniques que l'on rencontre alors.

Luca della Robbia (1400-1482)
La Vierge et l'enfant, terre émaillée blanche.

Donato di Niccolo dit Donatello (1386-1466), *Martyre de Saint Sébastien,* bronze.

En face, le même principe d'harmonie organise les œuvres autour d'une fontaine monumentale et d'un encadrement de porte aux pilastres élégamment ouvragés. A droite, la hauteur de plafond, volontairement diminuée, forme une belle alcôve semi-circulaire : quelques exemples de la sculpture décorative, parmi lesquels une série de médaillons en faïence polychrome réalisés dans l'atelier des della Robbia, y sont disposés. Pour varier ses effets, Nélie accroche aussi trois peintures, un *Martyre de Saint-Sébastien* de l'Ecole vénitienne, une bannière du Siénois Pietro di Ambrogio, enfin un retable du Florentin Botticini, qui montre une *Vierge à l'enfant entourée par quatre saints.*

L'espace central est meublé de tables, de statues polychromes ou dorées et d'une vitrine où l'on découvre trois des pièces les plus précieuses, une plaque en bronze représentant un *Saint Sébastien* de Donatello et deux aiguières en porcelaine de Médicis.

13 LE MUSÉE ITALIEN

La Salle Florentine

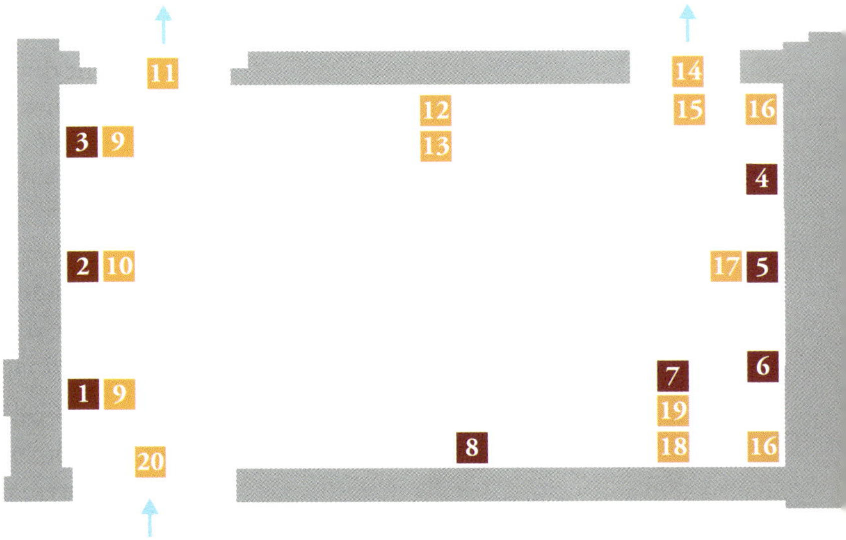

1 Attribué à Paolo Schiavo (1397-1462)
Visite à l'accouchée.

2 Paolo Uccello (1397-1475)
Saint Georges terrassant le dragon.

3 Attribué à Jacopo del Sellaio (1442-1493)
Nativité devant une vue de Venise.

4 Francesco Botticini (1446-1497)
Vierge à l'enfant.

5 Sandro Botticelli (1444-1510)
Vierge à l'enfant.

6 Pietro Vannucci Perugino (1445-1523)
Vierge à l'enfant.

7 Alessio Baldovinetti (1422-1499)
Vierge à l'enfant.

8 Francesco Botticini (1446-1497)
La Vierge avec le Christ mort, au pied de la croix, entourés de Saint Louis d'Anjou évêque de Toulouse, Saint Dominique, Saint Jacques le Majeur et Saint Nicolas.

9 Ecole italienne, XVe siècle.
Deux chaises en noyer sculpté.

10 Ecole italienne, XVe siècle.
Coffret en noyer sculpté.

11 Ecole italienne, XVe siècle.
Encadrement de porte, pierre.

12 Attribué à Pietro Barilotto (1481-1553)
Tombeau d'homme, pierre.

13 Pantaleone dei Marchi (début du XVIe siècle)
Stalles d'église en bois de noyer incrusté d'ébène, de houx et d'amarante représentant le Christ et les quatre apôtres.

14 Ecole italienne, XVe siècle.
Vierge à l'enfant, stuc peint.

15 Ecole italienne, XVIe siècle.
Encadrement de porte, marbre.

16 Ecole italienne, XVIIe siècle.
Deux candélabres, bois sculpté et doré.

17 Ecole italienne, XVe siècle.
Coffre en bois sculpté.

18
- Atelier de Lorenzo Ghiberti (1378-1455)
  Vierge à l'enfant, stuc peint.
- Ecole italienne, XVe siècle.
  Ecussons en pierre.

19 Ecole italienne, XVIe siècle.
Encadrement de porte, marbre.

20 Ecole italienne, XVIe siècle.
Encadrement de porte, pierre.

A l'origine, cette pièce rassemblait des objets d'art : dans sa correspondance, Nélie parle de cette pièce comme d'une *librairie* au sens ancien du terme. Selon ces premières descriptions, on y voyait alors toute une série de petits objets, plaquettes, médailles et jetons, mais également parchemins, bijoux et céramiques, illustrant la richesse des arts décoratifs italiens.

Pietro Vannucci Perugino (1445-1523), *Vierge à l'enfant.*

Tout change à la mort d'Edouard André. Nélie avait souvent manifesté sa volonté de privilégier Florence sur le reste de l'Italie. Elle souhaitera d'ailleurs par la suite acquérir une villa sur les hauteurs de cette ville, mais faute d'avoir trouvé un palais qui corresponde à son rêve, elle abandonnera ses recherches. Elle imagine donc un mausolée en forme de chapelle privée, rassemblant ce qu'elle possède de plus précieux : présentée à la fois comme un lieu de culte où se rencontrent des œuvres d'inspiration religieuse (stalles d'église, retable d'autel et monument funéraire), cette salle est en même temps une galerie de peintures qui privilégie l'Ecole florentine. Variations sur un thème, une série de *Vierges à l'enfant* issues du même atelier, offrent au regard leurs ressemblances et leurs particularités.

Paolo Uccello (1397-1475)
Saint-Georges terrassant le dragon
peinture sur panneau de bois,
0,52 x 0,90 m.

Nélie Jacquemart n'est certainement pas restée insensible au charme étrange de ce petit panneau, acheté tard sur le marché londonien. Son attribution à l'un des grands peintres de l'Ecole florentine encore absent de son musée le justifiait amplement, mais plus encore l'hésitation qu'il révèle entre un mode de narration hérité des traditions médiévales et l'application nouvelle des théories de la Renaissance dont ce maître fut l'un des propagateurs.

Alessio Baldovinetti (1422-1499)
Vierge à l'enfant.

Ainsi Francesco Botticini montre toute la distance qui existe entre le grand maître et l'élève : Sandro Botticelli, réalise un chef-d'œuvre de jeunesse, qui vient d'être restauré ; Pietro Vanucci exécute une œuvre magistrale, miraculeusement préservée ; enfin Baldovinetti montre tout ce qu'il y a dans son art d'encore un peu archaïque. Ces panneaux suffiraient à faire de cette pièce l'une des plus précieuses du musée. Elle reçoit encore une œuvre majeure avec le *Saint-Georges terrassant le dragon* de Paolo Uccello, tableau énigmatique, qui semble hésiter entre deux genres d'inspiration et deux modes d'expression.

Attribué à Paolo Schiavo (1397-1462)
Visite à l'accouchée.

Sandro Botticelli (1444-1510)
Vierge à l'enfant
huile sur panneau de bois, 0,62 x 0,48 m.

Longtemps donnée à l'atelier de Verrocchio, dont elle s'inspire en effet, cette peinture a été récemment rendue à Sandro Botticelli. L'élégance de sa composition, la grâce juvénile de l'enfant et la tendresse maternelle qui émane de la Vierge Marie plaident en faveur de cette nouvelle attribution. Elle est un nouvel exemple de cette qualité rare que possédait Nélie Jacquemart et son mari, "l'œil du connaisseur", qui leur permettait de reconnaître parmi d'innombrables panneaux ceux qui revenaient au grand maître.

14 La Salle Vénitienne

1 Andrea Mantegna (1430-1506)
Vierge à l'enfant entre Saint Jérôme et Saint Louis de Toulouse.

2 Attribué à Andréa Mantegna (1430-1506)
La Légende de St-Christophe, prédelle en trois panneaux.

3 Andrea Mantegna (1430-1506)
Ecce Homo.

4 Carlo Crivelli (1440-1494)
Saint Louis de Toulouse, Saint Jérôme et Saint Pierre.

5 Giovanni Bellini (1430-1516)
Vierge à l'enfant .

6 Andrea Mantegna (1430-1506)
Vierge à l'enfant entourée de personnages.

7 Carlo Crivelli (1440-1494)
Saint Bernard, un Saint Evêque et Saint Barthélémy.

8 Attribué à Domenico Morone (1432-1503).
Vierge à l'enfant devant une vue urbaine.

9 Lazzaro Bastiani (vers 1449-1512)
l'Histoire d'un saint, prédelle en trois panneaux.

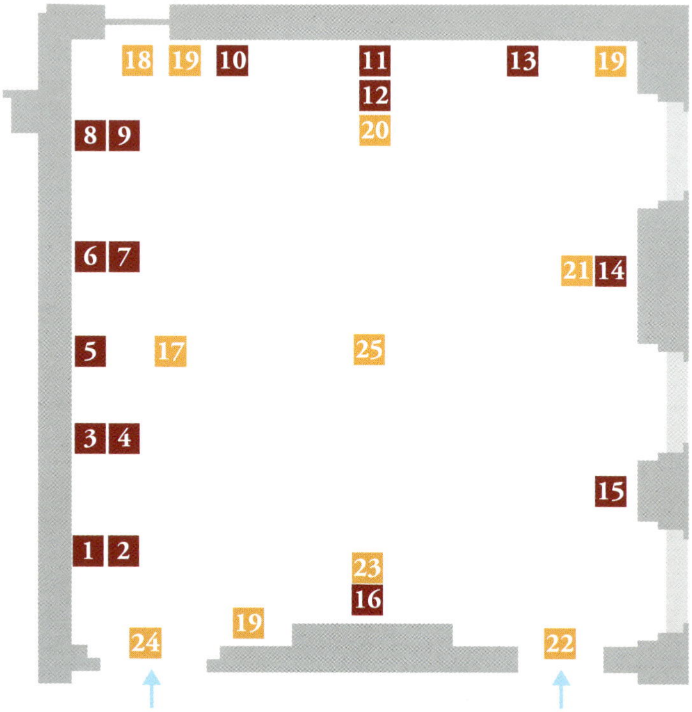

10 Vittore Crivelli, (? -1502)
Saint Bonaventure.

11 Giorgio Schiavone (1437-1504)
Vierge à l'Enfant entre deux anges et deux saints.

12 Vittore Carpaccio (1465-1526)
l'Ambassade d'Hippolyte, reine des Amazones, à Thésée, Duc d'Athènes.

13 Attribué à Sandro Botticelli (1444-1510)
La Fuite en Egypte.

14 Attribué à Bernardino Luini (1480-1532)
La Vierge à l'Enfant, entre Sainte Marguerite et Saint Augustin.

15 Cima da Conegliano (1459-1518)
La Vierge à l'Enfant.

16 Attribué à Luca Signorelli (1441-1523)
Vierge à l'Enfant.

17 Ecole italienne, XVIe siècle.
Lions ailés, deux supports de table, pierre.

18
- Ecole italienne, XVIe siècle.
Encadrement de porte, marbre.
- Ecole italienne, XVIe siècle.
Panneau de porte, bois sculpté.

19 Ecole française, XVIe siècle.
Caquetoires, chêne sculpté.

20 Ecole italienne, XVe siècle.
Coffret, bois sculpté et doré.

21 Ecole italienne, XVIe siècle.
Chaise pliante, noyer sculpté.

22 Ecole italienne, XVIe siècle.
Encadrement de porte, pierre sculptée.

23 Ecole italienne, XVIe siècle.
Banc d'appui en bois sculpté de noyer et de chêne, avec incrustations d'ébène et de bois clair, aux armes de la famille Strozzi.

24 Ecole italienne, XVIe siècle.
Encadrement de porte, pierre sculptée.

25 Ecole italienne, XVIe siècle.
Tabernacle en bois de chêne sculpté, à décors de marqueterie avec incrustations de bois d'amarante, d'ébène et de houx, représentant des vues de villes.

Plafond en grisaille : Attribué à Girolamo Mocetto (vers 1458-1531) représentant différentes allégories, des scènes de l'Histoire Sainte et de la mythologie.

Cette dernière salle du musée italien est peut-être celle qui doit le plus au goût personnel d'Edouard André. Aménagée de son vivant, elle présente, comme la précédente, des peintures du XVe siècle, mais qui pour la plupart appartiennent à l'horizon vénitien ou à sa zone d'influence. Converti par sa femme à l'appréciation de l'art italien de la Renaissance, il marqua en effet sa préférence pour Venise.

A l'époque, peu nombreux sont les collectionneurs ou les conservateurs qui font ce choix. La mode est en effet aux Florentins. La sélection d'Edouard André est même étonnante : Andrea Mantegna y est très présent avec plusieurs tableaux dont un bouleversant *Ecce homo.* A ses côtés, une *Vierge à l'enfant* de Giovanni Bellini rappelle les liens familiaux et artistiques qui unissent les deux peintres, tandis qu'une prédelle de Bastiani évoque la facture précieuse et colorée de cette école.

Sur le panneau du fond, sont rassemblées des oeuvres de Crivelli, de Schiavone et surtout de Vittore Carpaccio : encore empreintes d'un esprit médiéval ou soumises à l'influence de l'art byzantin, elles illustrent la génération précédente. Leur archaïsme étrange montre qu'une autre voie que celle de l'humanisme toscan s'offrait à ces peintres, fondée sur l'association

Partie du plafond en grisaille attribué à Girolamo Mocetto (vers 1458-1531)

Andrea Mantegna (1430-1506)
Vierge à l'enfant entre Saint Jérôme et Saint Louis de Toulouse.

Carlo Crivelli (1440-1494)
Saint Bernard, un Saint Evêque et Saint Barthélémy.

Andrea Mantegna (1430-1506)
Ecce Homo
huile sur toile, 0,54 x 0,42 m.

Fervant admirateur de l'Antiquité, Andrea Mantegna donne à ses figures la solidité formelle des sculptures de ce temps. Mais il n'oublie pas d'introduire un sentiment d'humanité qui fait de ce christ de douleur un tableau réellement bouleversant.
Le sentiment tragique du destin qu'il doit accomplir, l'abandon qu'il subit ou la dérision qu'il endure, transforment cette image hiératique en un drame des plus poignants.

Lazzaro Bastiani (vers 1449-1512),
l'Histoire d'un saint,
prédelle en trois panneaux.

Giovanni Bellini (1430-1516)
Vierge à l'Enfant
huile sur panneau de bois, 1,31 x 1,03 m.

Nombreux sont les peintres italiens, qui ont donné de la Vierge à l'enfant une interprétation aussi charmante que maternelle. On est séduit ici par la fière majesté de la Vierge, assise sur un trône de reine qui rappelle sa dignité et suggère la nature divine de l'enfant qu'elle met en avant. L'œuvre s'impose donc à nous, chargée d'un sens différent, à tel point que certains historiens ont voulu y voir une commande royale. On ne sait précisément quand elle fut achetée et sous quel nom elle fut proposée à Nélie Jacquemart et Edouard André. Ils la retiennent pourtant malgré cet anonymat irritant et l'installent au beau milieu du panneau, comme pour lui réserver la meilleure place. La qualité de son chromatisme, sa luminosité éthérée et ce goût audacieux pour une simplicification des formes, ont orienté les savants vers l'une des dernières œuvres de Bellini.

brillante des matières et des couleurs, mises au service d'une narration pittoresque. Avec Bernardino Luini et Cima da Conegliano, d'autres exemples confirment le rayonnement de ce foyer sur le nord de l'Italie.

Enfin, quelques meubles renaissants dont un banc de parade portant les armes des Strozzi et surtout un plafond à caissons peints attribué à Mocetto, ajoutent une note décorative et donnent à cette salle d'exposition l'ambiance d'un palais vénitien.

Cima da Conegliano (1459-1518).
La Vierge à l'enfant.

Vittore Carpaccio (1465-1526)
L'Ambassade d'Hippolyte, reine des Amazones, à Thésée, Duc d'Athènes
huile sur panneau de bois, 1,02 x 1,45 m.

Lorsqu'il achète ce tableau en Autriche, Edouard André sait qu'il procède à l'une de ses acquisitions majeures. En effet, rares sont les tableaux de Carpaccio hors d'Italie. Si l'identité de son auteur n'a jamais fait de doute, on est moins bien renseigné sur son origine et sur la signification de son sujet. Faut-il y voir l'allusion à quelque fait de caractère politique, la conclusion d'un traité, le souvenir d'un événement diplomatique, travesti en un récit allégorique ou le reflet illustré d'un poème à succès qui passe à tort pour être un des textes fondateurs de la Renaissance ? Le peintre fait de Thésée un vieillard à l'allure sénatoriale, d'Hippolyte et de ses compagnes, des guerrières de pacotille, transforme la scène en un superbe défilé de carnaval où triomphent le pittoresque et l'invention décorative.

Vittore Crivelli, (? -1502), *Saint Bonaventure.*

15 *La Chambre de Madame*

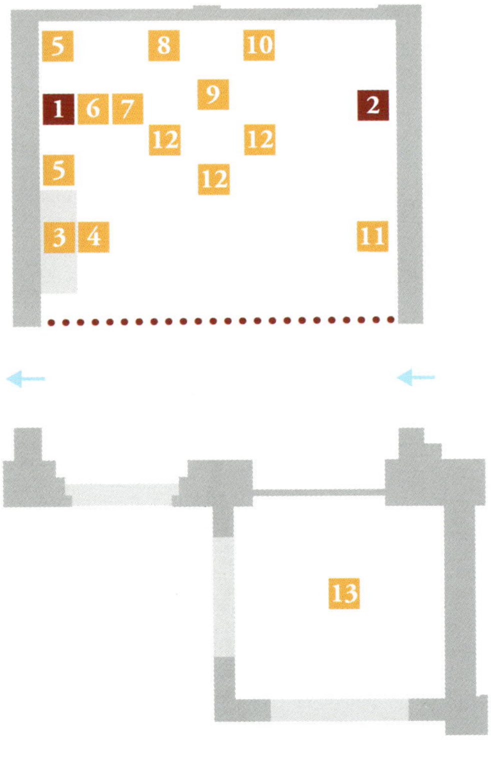

1 Maurice Quentin de la Tour (1704-1788)
Portrait d'homme, pastel.

2 Franz Bernhard Frey (1716-1806)
Portrait de femme, pastel.

3 Horloge en bronze doré,
Les Trois Grâces soutenant une mappemonde,
atelier parisien, XVIIIe siècle.

4 Ecran en bois doré recouvert d'une tapisserie à décor d'oiseaux et de fleurs, d'après un carton de Jean-Baptiste Oudry (1686-1755), XVIIIe siècle.

5 Deux chaises à médaillon en bois sculpté et peint, époque Louis XVI.

6 Coiffeuse transition plaquée de bois de rose et d'amarante, dessus de marqueterie de fleurs, atelier parisien, époque transition Louis XV - Louis XVI.

7 Table cabaret transition plaquée de bois de rose, atelier parisien, époque transition Louis XV -Louis XVI.

8 Table de nuit de forme ovale plaquée de bois de rose et d'amarante, dessus de marbre de brèche d'Alep, estampillée Dusautoy (1719-1800), J.M.E. maître à Paris en 1779.

9 Lit en bois sculpté et doré, XIXe siècle.

10 Table de nuit de forme ovale plaquée de bois de rose et d'amarante, dessus de marbre de brèche d'Alep, estampillée Nicolas Petit, maître à Paris en 1761.

11
- Commode à panneaux en laque de Chine, ornée de bronzes dorés et dessus de marbre brèche d'Alep, estampillée D.F (Desforges), maître à Paris en 1739.
- Jean-Jacques Caffieri (1725-1792) Buste d'*homme*, terre cuite à patine noire.
- Paires de bras de lumière en bronze ciselé et doré, époque Régence et Louis XVI.

12 Tapis Persan, Turquie, XVIIIe siècle.

13 Petit salon de la chambre contenant :

- Paire de corbeilles à fruits en porcelaine de Paris au chiffre d'Edouard André, XIXe siècle.
- Ernest Hebert (1817-1909), *Portrait de Nélie Jacquemart.*
- Atelier parisien, secrétaire-cylindre, en acajou, XIXe siècle.
- Nélie Jacquemart (1841-1912) *Portrait de jeune fille.*
- Deux corbeilles en émail cloisonné, Chine, XIXe ìècle.
- Guéridon en acajou, dessus de marbre blanc, atelier parisien, époque Empire.
- Atelier parisien, XVIIIe siècle. Paire de bergères en bois sculpté et doré.
- Atelier parisien, XVIIIe siècle. Canapé en bois sculpté et ciré, à encorbellement.
- Atelier parisien, XIXe siècle. Chaise de style Louis XVI en bois doré.
- Tapis Mamelouk, Turquie, XVIIIe siècle.
- Gravure XIXe siècle. *Portrait de femme*, de profil.
- Ecole française, XIXe siècle. Paire de vases en terre cuite d'après un modèle de Claude Michel Clodion (1738-1814).

Nélie Jacquemart a vécu dans son hôtel en privilégiant la mise en valeur de ses collections sur son confort personnel. Il faut donc attendre l'installation complète du *Musée italien* pour qu'elle décide de rénover les appartements privés.

Elle choisit alors de revenir à l'ambiance du règne de Louis XV, comme le montre sa chambre à coucher qui est un modèle du genre. Autour d'un grand lit de repos, qu'elle fait faire par un menuisier, elle installe des panneaux de boiserie ancienne et place quelques uns de ses plus beaux meubles, telle cette commode en laque du Japon de Desforges, ainsi qu'une multitude de petites tables dont elle aime à s'entourer. Les murs sont tendus de soieries lyonnaises et deux pastels y sont accrochés dont un *Portrait d'homme* par Maurice Quentin de la Tour ; tableau exceptionnel, celui-ci contribue à la qualité de son décor.

Maurice Quentin de la Tour (1704-1788)
Portrait d'homme, pastel.

Jean-Jacques Caffieri (1725-1792)
Buste d'homme,
terre cuite à patine noire.

16 L'Antichambre et la Chambre de Monsieur

1 Hermann Winterhalter (1808-1891)
Portrait d'Ernest André.

2 Hermann Winterhalter (1808-1891)
Portrait de Madame André.

3 Nélie Jacquemart (1841-1912)
Portrait d'Edouard André.

4 Hermann Winterhalter (1808-1891)
Portrait d'Edouard André enfant.

5 Guillaume Coustou (1716-1777)
Pan enseignant Apollon à jouer de la flûte, terre cuite.

6 Ecran en bois sculpté et doré
recouvert d'une tapisserie representant des *Canards.*
D'après un carton de Jean-Baptiste Oudry (1686-1755)

7 Petite table de salon en marqueterie de bois de rose,
époque Louis XVI.

8 Paravent en bois sculpté et doré,
époque Louis XV.

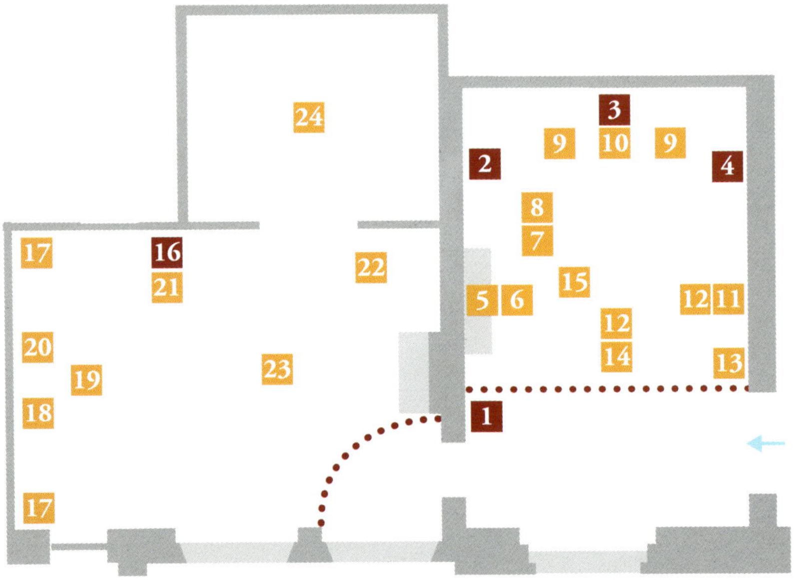

9 • Marquise en bois sculpté et doré, époque Louis XV.
• Duchesse brisée en bois sculpté et doré, époque Louis XV.

10 • Commode en marqueterie de frisage de bois de rose et d'amarante ornée de bronzes dorés et recouverte d'un marbre rose des Pyrénées, estampillée François Garnier (maître à Paris en 1742), époque Louis XV.
• Attribué à Jean-Baptiste Lemoyne (1704-1778) Buste de *femme*, terre cuite.

11 Bureau dos d'âne à marqueterie de frisage en bois de rose, époque Louis XV.

12 Chaises de style Louis XVI en bois sculpté et laqué, atelier parisien XIXᵉ siècle.

13 Petite table de salon attribuée à B.V.R.B. (Bernard II Van Risenburgh), maître à Paris en 1730, époque Louis XV.

14 Table ovale en marqueterie à décors de marqueterie de fleurs, atelier parisien XIXᵉ siècle, et service à thé en porcelaine de Meissen, XVIIIᵉ siècle.

15 Fauteuil médaillon et repose pied en bois sculpté et laqué, époque Louis XVI.

16 Attribué à Jean-Baptiste Greuze (1725-1805) *Scène de genre.*

17 Chaises en bois sculpté et doré recouvertes de tapisseries d'Aubusson, estampillées Tillard (1685-1766), époque Louis XV.

18 Table en bois d'acajou recouverte d'un marbre blanc, époque Directoire.

19 Lit en bois sculpté et doré, atelier parisien. XIXᵉ siècle.

20 Table à écrire en auge, marqueterie de frisage de bois de rose et d'amarante, époque Louis XVI.

21 • Commode-tombeau plaquée de bois, ornée de bronzes dorés et recouverte d'un marbre Poster, attribuée à B.V.R.B. (Bernard II Van Risenburgh), maître à Paris en 1730, époque Louis XV.
• Jean-Baptiste Carpeaux (1827-1875) Buste d'*Edouard André*, plâtre.

22 Marquise en bois sculpté et doré estampillée J.B Boulard (1725-1789), maître à Paris en 1755, époque Louis XVI.

23 Duchesse brisée, en bois sculpté et doré, de style Louis XVI, atelier parisien, XIXᵉ siècle.

24 Salle de bains :
• Console d'époque Louis XVI en bois sculpté et peint, rechampi vert, atelier italien, fin du XVIIIᵉ siècle.
• Chaise d'aisance en bois sculpté et peint de style Louis XV, atelier parisien, XIXᵉ siècle.

Dans les deux pièces suivantes, le souvenir d'Edouard André est plus marqué. Dans l'antichambre, il est illustré par une série de portraits de famille auxquels s'ajoute le sien peint par sa future épouse en 1872. Des objets personnels, comme le portefeuille de son père et le trombinoscope de l'Assemblée du temps où il était député, rappellent sa présence.

Sa chambre à coucher et la salle de bain attenante, refaites après sa mort, suggèrent de ce fait plutôt un intérieur de femme. Une commode transition, attribuée à B.V.R.B. y est présentée avec son buste en plâtre par Carpeaux. Malgré la ressemblance avec l'Empereur, c'est bien d'Edouard André qu'il s'agit, ultime témoignage de l'admiration et de la fidélité de Nélie pour son époux.

Attribué à Jean-Baptiste Lemoyne (1704-1778) Buste de *femme,* terre cuite.

17 *La Salle à Manger*

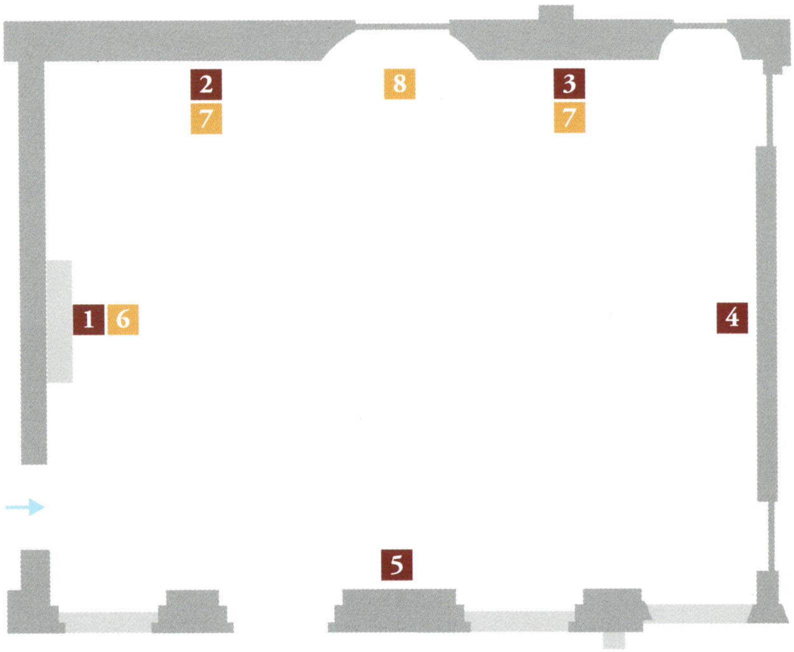

1 Atelier de Jean-François et Pierre Van Der Borght, Bruxelles, XVIIIe siècle, d'après un carton de Jean Van Orley (1665-1735), tapisserie de la série de l'Histoire d'Achille. *Combat de Diomède et Enée, Diomède lève la pierre.*

2 Atelier de Jean-François et Pierre Van Der Borght, Bruxelles, XVIIIe siècle, d'après un carton de Jean Van Orley (1665-1735), tapisserie de la série de l'Histoire d'Achille. *Combat de Menelas et Pâris.*

3 Atelier de Jean-François et Pierre Van Der Borght, Bruxelles, XVIIIe siècle, d'après un carton de Jean Van Orley (1665-1735), tapisserie de la série de l'Histoire d'Achille. *Achille enfant plongé par sa mère Thétis dans les eaux du Styx.*

4 Atelier de Jean-François et Pierre Van Der Borght, Bruxelles, XVIIIe siècle, d'après un carton de Jean Van Orley (1665-1735), tapisserie de la série de l'Histoire d'Achille. *Enlèvement d'Hélène par Pâris.*

5 Atelier de Jean-François et Pierre Van Der Borght, Bruxelles, XVIIIe siècle, d'après un carton de Jean Van Orley (1665-1735), tapisserie de la série de l'Histoire d'Achille. *Combat de Diomède et Enée, duel.*

6 Denis Puech (1854-1942) *Buste de Nélie Jacquemart*, marbre.

7 Deux consoles en bois sculpté doré, l'une d'époque Régence et l'autre XIXe siècle.

8
- Ecole italienne, XVIIe siècle. Groupe de personnages et d'angelots portant un écusson, tympan d'un monument funéraire, marbre.
- Paire de bras de lumière en bronze ciselé et doré, attribués à Jean-Jacques Caffieri (1725-1792).

Plafond peint : Giambattista Tiepolo (1690-1770) *La Renommée annonçant la visite du Roi Henri III*, trompe l'œil.

Devenue le salon de thé du musée, la dernière pièce, à côté du vestibule d'honneur, était bien sûr la salle à manger. L'importance de cette salle dans la vie quotidienne de l'hôtel se mesure à l'ampleur de ses dimensions et à la qualité de son décor.

Sur le pourtour, une série de consoles Louis XV en bois sculpté et doré servent de dessertes, tandis que le buste de Madame trône sur le manteau de cheminée. Au-dessus, cinq tapisseries de la tenture d'Achille, tissées à Bruxelles au XVIIIe siècle, racontent les aventures du héros de la Guerre de Troie. La fraîcheur de leur coloris est remarquable.

L'élément le plus surprenant est la fresque installée au plafond : œuvre de Giambattista Tiepolo, elle provient, comme celle de l'escalier, de la Villa Contarini à Mira. Malgré son sujet, *La Renommée annonçant dans les airs la visite d'Henri III,* les effets de trompe l'œil, les personnages accoudés, le singe dont la queue pend pardessus la voussure, lui confèrent un air de comédie. Le peintre lui-même semble s'être figuré et se penche pardessus la balustrade pour saluer le visiteur...

Tapisserie de la série de l'Histoire d'Achille. *Achille enfant plongé par sa mère Thétis dans les eaux du Styx.*

Plafond peint par Giambattista Tiepolo (1690-1770), détail.

La famille André

Edouard André, qui constitua la collection dont le présent ouvrage fait l'objet, mourut en 1894, deux ans avant son cousin Alfred André. Aucun n'avait d'enfant. Avec eux s'éteignait une lignée dont la trajectoire, pendant trois siècles, avait connu quelques rebondissements.

Portrait de Joseph André (1736-1802).

La famille André est originaire du Vivarais, où elle est connue depuis le premier tiers du XVe siècle. Tandis que, pendant cinq générations, les aînés sont notaires tant à Sanilhac, leur bourg natal qu'à Largentière le chef-lieu, les cadets sont établis dans les familles prospères avoisinantes.

Si la naissante industrie liée à l'élevage des vers à soie ne les intéresse pas encore, les André sont, à l'instar du célèbre Olivier de Serres qui en est le promoteur, tôt ralliés à la Réforme. Cependant l'Edit de Nantes, qui stipule le libre exercice du culte et la réouverture des temples, n'est guère appliqué dans ces "marches" : la répression y est d'autant plus dure que l'élan initial avait été puissant. Dès la fin du XVIe siècle, les "retours" à la religion officielle se multiplient.

Est-ce pour cette raison ou par esprit d'entreprise que David, cadet des André descend à Nîmes en 1600 ? L'ancienne et glorieuse cité romaine s'éveille alors d'un assoupissement pluriséculaire, le négoce des peaux et de la laine est porté par l'abondance d'une main-d'œuvre récemment venue des Cévennes. David André s'établit marchand-teinturier et pratique, comme la plupart de ses confrères le prêt à intérêt.

Ses trois fils sont à l'origine de l'essor de la Maison. L'aîné s'allie, à Genève en 1647 à l'opulente famille des Privat, tandis que le puîné reste à Nîmes. Le cadet, David II, fonde avec les Boissier d'Anduze un établissement de négoce à Gênes. Nous sommes en 1667, la "Superbe" est florissante et manifeste son opposition à la politique espagnole de Louis XIV en protégeant les Réformés. Ainsi, lorsqu'est promulgué l'Edit de Révocation (1685), les André qui possèdent déjà un des établissements les plus importants du port ligure, peuvent non seulement accueillir leurs corréligionnaires mais également, du fait de cette émigration précoce, entrer et sortir de France sans être inquiétés.

Maintenant, la Maison André est tricéphale : Nîmes, Gênes, Genève. La branche nîmoise s'intéresse à la soie dont, avec une ou deux autres familles, elle contrôle bientôt toute la manufacture, depuis la production des écheveaux dans les Cévennes jusqu'à la fabrication et l'expédition d'articles finis (notamment des bas), aussi loin que le Pérou. L'établissement de Gênes, devenu officiellement banque en 1728, pratique toujours le négoce de luxe, mais surtout le prêt et le change maritime, l'endos et l'escompte de lettres de change. Genève est le point d'appui d'une activité qui devient internationale. Si les André s'y retirent à la fin de leur vie, ils y nouent aussi des alliances matrimoniales : les Privat à nouveau, les La Rive à plusieurs reprises, et aussi le cercle de Necker : son frère Necker de Germany puis, par deux fois, les Girardot, ses alliés. C'est ainsi que les filiales de Londres (ouverte en 1748) et de Paris (1775) en sont tout naturellement les correspondants ou les associés.

Dans les années 1770, Nîmes est devenue la cinq ou sixième ville du royaume. Prospère grâce à la bourgeoisie réformée qui, à défaut de charges officielles ou militaires, qui lui sont fermées, s'investit dans le commerce et le négoce de l'argent, la ville est renommée pour ses monuments antiques : les arènes, la Maison Carrée, le Pont du Gard. Son Académie est prestigieuse car la présence en son sein de Jean-François Séguier, dont la culture "universelle" et les collections sont célèbres, attire toute l'Europe des Lumières. Nîmes est une étape obligée du *Voyage d'Italie.*

La famille André qui y est demeurée – ils sont quatre frères – vend alors la maison de la rue des Cardinaux qui l'abritait depuis 1619 et s'installe rue Dorée. Au rez-de-chaussée les magasins et bureau de Jean qui habite l'étage noble. David, mondain et raffiné, est au second, Jean-Jacques, l'académicien ami de Séguier, dans l'aile du fond, et Joseph le voyageur, quand il n'est pas à Gênes, Cadix ou Paris (il y refuse, faute de temps, une place d'associé dans la banque des Necker), occupe l'appartement sur jardin. Le mobilier est "du dernier cri" et la collection de tableaux de Joseph unique en Languedoc : lorsqu'il s'installera à Paris en 1796 il emportera les plus beaux mais laissera sur place un Titien, deux Holbein, une fresque de Corrège, un Subleyras et une vingtaine d'œuvres de moindre importance.

Les frères André sont des Hommes des Lumières, leur bibliothèque en témoigne, et c'est avec enthousiasme qu'il accueillent la Révolution : les "fêtes et Académies" qu'ils donnent à Gênes se transforment en club politique, et une dénonciation anonyme ira même jusqu'à comparer Joseph à Jean-Jacques Rousseau ! Deux ans plus tard, trois d'entre eux sont inscrits aux Feuillants etc. Mais ils sont modérés, partisans d'une monarchie constitutionnelle, et la Révolution va les ruiner : Jean, président démissionnaire du Tribunal de Commerce de Nîmes est guillotiné en 1794 au motif d'adhésion au fédéralisme, ses biens sont confisqués et son établissement fermé.

A Gênes, en 1792, son fils Dominique remplit un contrat de fourniture de blé de plus de six millions de livres pour le gouvernement français ; contrat suivi de deux autres, pour le Département du Gard puis pour l'Armée d'Italie. Mais le jeune négociant doit avancer des sommes énormes que le Directoire est bientôt dans l'incapacité de lui rembourser. En 1798, Dominique André, ruiné, liquide la maison génoise et vient à Paris.

Il a 32 ans, de l'ambition, de la ténacité et un crédit intact. Il ouvre rue de Cléry, s'installe peu après dans l'ancien hôtel de Ligne, rue du Mont-Blanc (actuelle Chaussée d'Antin) qui est le quartier financier du moment, traverse sans dommage la crise de 1815 qui faillit entraîner la jeune Banque de France, prend en 1808 comme associé l'un de ses neveux, François Cottier : leur entente,

Hermann Winterhalter (1808-1891), portrait d'Ernest André (1803-1864).

Hermann Winterhalter (1808-1891), portrait de madame André, mère d'Edouard André.

Hermann Winterhalter (1808-1891), portrait d'Edouard André enfant.

Portrait d'Alfred André (1827-1896), photographie de Nadar.

leur complémentarité assurera l'essor de la Maison dès la reprise des affaires sous la Restauration. Elle participe à tous les grands financements publics et privés – emprunts d'Etat, création de la Caisse d'Epargne, des grandes compagnies d'assurance, percement de canaux, opérations immobilières parisiennes (les nouveaux quartiers Poissonnière et Saint-Lazare).

Dominique André se retire des affaires, millionnaire de l'époque, en 1834. Deux de ses fils étaient venus le rejoindre : Jean, l'aîné, puis Ernest qui épouse la fille de François Cottier ; Edouard André, leur fils, se trouvant ainsi doublement héritier de la fortune de la banque.

Celle-ci continue de se développer durant la monarchie de Juillet et le Second Empire sous la conduite d'Ernest André, d'un associé suisse, Adolphe Marcuard, puis du fils et d'un gendre de Jean André, Alfred André et André de Neuflize.
Ils participent notamment à la création du réseau de chemin de fer Paris-Orléans, ils s'intéressent aux affaires d'Orient, ce nouvel Eldorado, participent avec d'autres maisons dites de la haute banque à la création de la Banque Impériale Ottomane et investissent, non sans quelques déboires cependant, dans la mise en valeur du delta du Nil...

La guerre de 1870, l'effondrement de l'Empire, amènent de nouveaux changements. Edouard André se retire de la vie mondaine pour se consacrer à ses collections, à l'Union des Arts Décoratifs et à la Gazette des Beaux-Arts. Son cousin Alfred joue un rôle actif dans l'administration de la ville de Paris pendant le siège, et dans la négociation et le paiement de l'indemnité exigée par le vainqueur pour limiter la durée de son occupation à une journée symbolique.

Après un bref passage par la politique comme député de Paris aux élections de 1871, il partage désormais l'essentiel de son temps entre son rôle de chef incontesté de sa maison de banque et une activité inlassable au service des œuvres philanthropiques protestantes.

Ainsi, chacun à sa façon, Edouard et Alfred se survivent-ils aujourd'hui : l'un par sa collection, léguée à l'Institut ; l'autre par les familles de neveux et d'amis associés qui n'ont pas cessé de continuer les traditions dont il n'était lui-même qu'un des maillons.

Virginie Lehideux-Vernimmen

La famille d'Edouard André.

Dominique André
Lyon 1766 - Paris 1844
x (1793)
Marie Rivet († 1857)

Marie-Jean
Gênes 1794 - Paris 1850
x (1825)
Henriette Walther († 1886)

Marie-Louise
Paris 1826 - Paris 1907
x (1847)
André de Neuflize († 1868)
descendance Neuflize

Alfred-Louis
Paris 1827 - Paris 1896
x (1858)
Alice Joly de Bammeville († 1889)

Gabrielle
Paris 1838 - Paris 1907
x (1852)
Henri Mallet († 1908)
descendance Mallet

Georges
Paris 1846
Paris 1875

Louis-Eugène
Paris 1800 - Paris 1861
x (1836)
Adélaïde de Neuflize († 1868)

Isabelle
Paris 1836 - Paris 1869
x (1858)
Frédéric Monnier († 1894)
descendance Monnier

Ernest
Paris 1803 - Paris 1864
x (1832)
Louise Cottier († 1835)

Edouard
Paris 1833 - Paris 1894
x (1881)
Nélie Jacquemart († 1912)